U0502621

掌控

[美] 杰森·辛克 著
（Jason Schenker）

降碧桐 译

解读经济指标与数据的价值

中国科学技术出版社

·北 京·

北京市版权局著作权合同登记 图字：01-2021-7190。

图书在版编目（CIP）数据

掌控趋势：解读经济指标与数据的价值 /（美）杰森·辛克著；
降碧桐译. —北京：中国科学技术出版社，2022.3
书名原文：Reading the Economic Tea Leaves: Secrets to Unlocking
the Value of Economic Indicators
ISBN 978-7-5046-9419-5

Ⅰ.①掌… Ⅱ.①杰… ②降… Ⅲ.①经济指标—研究—美国
Ⅳ.① F171.24

中国版本图书馆 CIP 数据核字（2022）第 023521 号

策划编辑	杜凡如　何英娇	**责任编辑**	孙倩倩
封面设计	马筱琨	**版式设计**	锋尚设计
责任校对	吕传新	**责任印制**	李晓霖

出　　版	中国科学技术出版社
发　　行	中国科学技术出版社有限公司发行部
地　　址	北京市海淀区中关村南大街 16 号
邮　　编	100081
发行电话	010-62173865
传　　真	010-62173081
网　　址	http://www.cspbooks.com.cn

开　　本	880mm×1230mm　1/32
字　　数	149 千字
印　　张	7
版　　次	2022 年 3 月第 1 版
印　　次	2022 年 3 月第 1 次印刷
印　　刷	北京盛通印刷股份有限公司
书　　号	ISBN 978-7-5046-9419-5/F·976
定　　价	69.00 元

谨以此书献给全球崭露头角的经济学家们。

解读经济形势

本书介绍了各种常见的经济报告，旨在帮助你了解经济报告的价值。

我在经济数据处理方面有些经验，因为我曾在投行担任交易部门经济专家，也管理过经济金融预测公司远望经济有限责任公司（Prestige Economics LLC，简称"远望经济"）。

我分析、预测和解读经济指标报告以及经济数据已超过15年。在此期间，我也一直在创建、分析和预测金融市场、经济形势、公司及行业的数据，也曾为财富500强企业、大型行业组织、政府实体、中央银行以及非政府组织做咨询服务。

此外，我也是远望经济的总裁，公司的业务为创建经济指标和经济报告。

我非常开心能与各位分享我对经济指标和经济数据的见解以及经验。

本书的主要目的是介绍重要经济报告和数据的价值、来源以及其间的细微差别。

为有效达成这一目的，我毫无保留地分享了曾使我受益的知识及实例。此外，我还分享了我所遇到过的挑战，并指出处理经济报告和经济数据时需要避开的陷阱。

本书精心编排，希望以简单易懂的方式诠释复杂概念。为达成这些目标，我在书中加入了很多解释性文字、轶事和图表，希望可以为读者在阅读那些与令人头晕目眩的数据相关的内容时补充背景知识和相关知识，便于他们更好地理解。

致谢

非常感谢促成本书出版的所有相关人员。首先，我想要感谢纳法尔·帕特尔（Nawfal Patel）和远望经济中帮助书稿成书的其他同事。

同时，我也要感谢封面设计师凯莉·埃利斯（Kerry Ellis）实现了我对本书英文版封面的设想。我想让封面体现解读经济形势的常见概念既复杂又简单的内涵。非常开心，我们做到了！

此外，我还要感谢领英学习的优秀人才，包括朱莉·米勒（Jolie Miller）、梅根·罗素（Megan Russell）、黛安·史塔克（Dianne Starke）和其他各位！2018年，我录制了名为《每周经济指标》（*Economic Indicators Weekly*）的课程，本书即是该课程的配套教材。如果你喜欢本书，你也会爱上这门在线课程的！

最后，也是最重要的，感谢我的家人在我编写本书时对我的支持。一直以来，我都非常感谢我的爱妻阿什莉·辛克（Ashley Schenker）和我的父母杰弗里·辛克（Jeffery Schenker）和珍妮·辛克（Janet Schenker）。

多年以来，我的家人以无数种方式表达对我的支持，他们既在情感上支持我，又从读者的角度为我提供了反馈。

我每次写书都有点疯魔，家人一直包容我，所以我感谢他们，还有在此过程中帮助我的各位，谢谢你们！

最后，感谢各位购买本书。

希望你会喜欢这本《掌控趋势》！

杰森·辛克（Jason Schenker）

这本书旨在教大家如何通过经济数据和报告解读行业动态、商业活动及金融市场。本书试图说明这些报告和数据如何对公司和个人产生重要影响。

我经常把经济数据比作《哈利·波特》里的台阶，因为魔法台阶变幻莫测，现实的经济也瞬息万变。其中，某类经济数据也会影响其他的经济数据。

很显然，每份经济报告的重要性都不同。

但大部分经济报告意义重大。比如，就业报告、零售报告和国内生产总值报告比其他行业数据含有更多的经济信息。无论何时，理解每份报告的价值所在，对于把握宏观经济至关重要。

美国有三大商业信息电视渠道和无数商业纸媒，他们总想把每份经济报告、每份数据或每次演讲都搞得惊天动地，轰动市场。

全世界的经济指标和数据如此之多，我们有必要知道哪些报告有价值，为什么有价值。同时，经济数据和报告的数量越多，从中汲取有价值信息的难度就越大。

为帮助读者熟悉最重要的经济指标，本书按经济数据的类型分为10章内容：

（1）经济指标概况及影响

（2）经济先行指标

（3）政策的重要性

（4）就业和工作数据

（5）其他重要的经济数据

（6）住房数据

（7）国内生产总值增长数据

（8）货币政策

（9）通货膨胀报告

（10）内容整合

本书是我在过去12个月中写的第12本书，但这本书的内容比其他书的2倍还多，所以比其他书的章节更多。

章节划分及其长度编排旨在为熟悉或不熟悉经济指标的读者提供最实用的价值。如此一来，本书应对那些只知经济皮毛的读者也有帮助。

本书第一章经济指标概况及影响详述了经济指标的基本方面，比如目的、起源、类型和价值。这一章也讨论了经济指标对就业、行业及投资的影响。

第二章经济先行指标罗列了影响整体经济活动及金融市场的重要经济指标，其中最重要的经济指标是全球采购经理人指数。最重要的3个采购经理人指数都来自制造业，分别为美国供应管理协会（ISM）制造业指数、欧元区制造业采购经理人指数和中国财新制造业采购经理人指数。此外，还有两个性质相似的重要经济指标：美国ISM非制造业指数和德国经济研究所（Ifo）指数。这一章还讨论了消费者信心对美国的重要性，并介绍了美国经济咨商局的经济先行指标和其他有价值的经济先行指标。

本书第三章讲述了政策的重要性。本章涵盖了具体和广泛的政策话题。我在本章讨论了对经济形势影响较大的两项内容：其一是国际货币基金组织（IMF）的《世界经济展望报告》，该报告预测了全球和各国的国内生产总值（GDP）增长；其二是石油输出国组织（OPEC）的政策。然后，我从更全面也更综合的层面上讨论了货币政策和财政政策。

本书第四章为就业和工作数据。其中第20小节讲述了美国经济中较重要的月度报告——就业形势报告，常简称为就业报告。第21—22小节介绍了每周失业救济申领人数和其他重要的就业报告和数据。

本书第五章为其他重要的经济数据。这一章讨论了除采购经理人指数和关键就业数据之外对宏观经济有广泛影响的经济报告。此类报告包括零售、汽车销量和工业生产数据。

本书第六章为住房数据。这一章讨论了一些重要的住房报告和数据。这些报告非常重要，因为住房对国内生产总值有重要贡献。此外，多数消费者最值钱的资产是房子，他们自己也认为财富和经济保障就是房子。房地产行业崩溃，是经济大萧条影响深远且持久的关键因素。

不幸的是，从许多方面来讲，房地产市场未完全恢复。

本书第七章为国内生产总值增长数据。这一章讨论了国内生产总值的一些重要事实，比如国内生产总值的4个组成部分以及国内生产总值和国民生产总值的区别。国内生产总值数据有几个重要问题：发布缓慢且修订频繁。

本书第八章为货币政策。本章重点围绕美联储讨论了央行政策，其下7小节介绍了美联储的决策、预测、点阵图、美联储发言、国会证词和区域联储数据。本章还包括其他央行的国际动态及其资产负债表政策。

本书第九章为通货膨胀报告。本章重点介绍了通货膨胀种类以及美国的重要通货膨胀报告。主要有消费者价格指数（CPI）报告中的消费者通货膨胀，个人消费支出（PCE）报告对美联储的重要性，生产者物价指数（PPI）报告中的生产者通货膨胀，美国能源报告以及重要的收益率曲线。

本书的第十章为内容整合。在这章中，我将本书各话题串联起来，给出了一些对公司、行业、专业、个人以及全球均有重要影响的可操作性建议。本章的话题包括通货膨胀和货币政策、衰退观察、长期风险和机遇、数据分析挑战以及数据创建。

总之，本书的十章内容应有助于你在处理经济指标、报告和数据的同时了解重要的经济动态。本书也有助于你全面整体地理解各类经济话题。

精通经济动态一直是优秀的职业素养。深刻理解本书对你的职业生涯将很有帮助。此外，本书也有助于你考虑对个人有影响的重要决策，如住房决策、职业选择、投资风险与机遇。

本书创作缘由

作为一名经济学家，我每天都关注经济指标和数据报告，而且我花了超过15年学习这一行的技巧。

我希望通过本书，将我学到的技巧分享给大家，我很喜欢这么做。

实际上，我给我的经济研究公司起名为"远望经济"，因为Prestige这个词的词源跟"trick"（意为技巧）这个词有关。换句话说，我坚定地认为解读经济有技巧可言，我的研究公司会与客户定期分享这些技巧，我想在本书中与大家分享的也是这些技巧。

如果你现在还没接触到经济数据，可能很快就要接触了。总之，政府、行业组织、专业机构、中央银行和其他各方都在不断创建经济指标、报告和数据。

同时，各公司、政府和个人也在不断深挖数据，确定重要的经济联系，揭示有价值的商业联系并做出重大决定。

我写作本书，是希望帮助那些分析经济数据、使用经济数据并通过经济数据做出重要决策的人们。

在本书中，我希望可以分享我对经济数据的了解和经验，这可以帮助他人避免我犯过的错误，以便他们可以快速成为各自行业中的佼佼者。

以上就是我创作本书的缘由。但从更实际的角度来讲，我写作本书的主要原因是，我在录制领英学习的《每周经济指标》系列课程时已经写好了本书的许多材料，如果不将这些材料整合起来，帮助那些更喜欢阅读经济指标而非观看视频网课的学习者，多少有点可惜。

从许多方面来说，本书整合了我多年来与无数客户、行业组织、非政府组织和政府部门分享过的观点。

现在想起来，我几年前就应该写这本书了。但十多年来，我一直忙着为我的公司打造研究产品并搭建客户基础。

实际上，本书的许多话题与日常的报告和研究有关。

即便如此，我也可以说我的确太忙了没时间写这本书。不过，这是借口，大家都很忙。

之前没写这本书的主要原因是，我没抽出时间来写。

但现在我有时间了。

那么，这本书凭什么由我来写？

我曾担任经济学家和金融市场预测员，这是我最重要的资质背书。此外，我获得了应用经济学的硕士学位，彭博新闻社自2011年起将我的公司列为全球43类预测排行榜中的顶级金融预测机构。同时，彭博新闻社还多次把我本人列为其中25类预测排行榜的第一名。

我对我的预测业绩非常骄傲。但这些年我也在数据上犯过很多错误。如果2004年我在投行担任经济专家时就有这本书，我的职业发展可能会加速。

现在这本书已经写完，我衷心希望本书能让你的事业节节高升！

目录

第三章

政策的重要性

第四章

就业和工作数据

第五章

其他重要的经济数据

第一章

经济指标
概况及影响

# 1 经济指标的用途

经济就像氧气。它就在你身边，即使你从未感受到。它会影响你的职业选择和你的投资。

你需要了解经济动态，以便做出与公司、职业和投资有关的重要决策。

本书将告诉你，在哪里能找到最有价值的经济报告，每份报告中最重要的数字又是哪些。

这些内容都是为了让你尽可能地做出最佳决策。

在本书中，你可以了解影响经济形势的十几个经济指标，以及各个指标如何影响你的个人生活、职业生涯和财务状况。

我们将关注那些涵盖重大经济概念（如增长、失业和通货膨胀）的报告。

我们将研究重要的行业经济数据，如房屋销量及汽车销量。

同时，我们将深入研究那些会影响你资产的经济数据，比如，利率如何影响你的贷款支付，股票如何交易，以及你所在国家的货币有多强势。

本书专注于经济数据的实用价值。所以不要担心，本书不会涉及任何带有希腊字母的复杂公式。

我们讨论的是你可以从网上轻松获取的经济报告，而且你能理解这些报告中的数据并能加以应用。

读完本书后，你可能还不够格接受彭博电视台或美国消费者新闻与商业频道（CNBC）的采访，也无法对最近的就业报告侃侃而谈，但你将了解一些你从未知晓的数据。

你将知道如何在那些数据中找到价值。

有个经典笑话是"经济学家指导自己很有效，但不会指导别人"。

有时候，这是事实。

但本书不是这样！

在本书中，这个笑话应该反着说。通过本书，你可以学到经济学的智慧，不仅对自己有益，也可以帮助他人。

记住这一点，让我们开始吧！

2 经济指标的来源

据说比尔·克林顿就任总统时，他的书桌上写着："经济才是关键，笨蛋！"

面对现实吧，我们都需要在经济上聪明点。

进一步了解经济的最佳方式，就是熟悉定期发布的重要经济报告，比如房屋销售、通货膨胀和失业报告。

这些报告也被称为经济指标。

这些报告中的数字会影响你的金融投资表现。

此外，这些指标也可反映你所在的行业是否有增长前途，同时，还可以据此分析你的就业前景，比如你是否会仅因为经济形势而失业。

经济指标是像杂志一样定期发布的报告。

那么，这些经济指标、数据和报告从何而来？

它们往往有四个不同的来源。

政府

经济数据第一个最常见的来源就是政府，如美国政府。美国政府通过劳工统计局和经济分析局等一系列不同的政府部门发布报告。

在欧洲，大量数据源自欧盟统计局，但有些数据由各国政府发布，比如德国或法国政府会公布一些数据。

中央银行

第二个最常见的来源便是中央银行。中央银行不是储蓄银行的总行，而是制定货币政策并为一个经济体确定重要利率的银行。

比如，欧洲中央银行（简称欧洲央行）、英格兰银行、日本银行、澳大利亚储备银行、美国联邦储备局（简称美联储）等都是中央银行。

行业组织

经济数据的第三个来源是行业组织或公司。若你在美国房地产行业工作，那你可能熟悉美国现房销售数据，这一数据就来自美国房地产经纪人协会。

如果你身处供应链的世界，你可能想了解美国供应管理协会（ISM）的采购经理人指数，或者美国物料搬运协会的商业活动指数（MHI BAI），后者由我的公司远望经济根据美国的物料搬运活动编制。

非政府组织

最后一个来源是非政府组织，即那些可以提供有用经济数据的重要非营利组织。

非政府组织提供的数据常常是大型全球宏观数据。

比如，国际货币基金组织制作的全球经济增长预测、石油输出国组织发布的月度石油报告以及联合国发布的人口统计数据。

数据获取来源

许多重要的美国数据可在美联储经济数据库（FRED）中找到。

美联储经济数据库还包括许多重要的国际数据系列。

3 先行、同步和滞后指标

经济指标分为3类：先行指标、同步指标和滞后指标。

先行指标

这是最重要的经济指标，因为这些指标先行于经济活动，而且常常引领金融市场的趋势。

采购经理人指数、每周失业补助申领人数和新房开工率等重要的经济指标引领着总体经济和具体行业。整本书都在讨论这些经济报告和其他先行指标。

其他金融市场指标如收益率曲线，常被视为预测经济增长和衰退的关键指标。第52小节将讨论收益率曲线。

总体而言，经济先行指标对公司战略分析师和金融投资者最为重要，因为先行指标可以让他们一窥未来。

同步指标

一些经济指标很好地反映了当下的经济状况。工业生产数据和零售数据就是很好的同步指标。

一些经济学家可能认为，国内生产总值也是一个同步指标。从定义来讲，这样也说得通，因为国内生产总值衡量的是某国整体经济的全部活动。

国内生产总值意味着增长。这是商业循环。

有人认为国内生产总值属于同步性经济指标，因为它反映的是当前经济增长。同时，也有人持相反观点，认为国内生产总值可以算作滞后指标，这也合乎逻辑，因为国内生产总值的数据事后才能收集，且国内生产总值报告也是事后才公布。

第34小节将对这一部分进行更详细的讨论。

滞后指标

有些经济指标先行于全部活动和金融市场，也有些经济指标滞后于全部活动和金融市场。

最广为人知的滞后经济指标是失业率。毕竟，失业率在经济萧条期间通常很低，或呈下降趋势，然而，萧条结束，经济恢复后，失业率往往呈上升趋势。图1-1体现了这种动态变化。

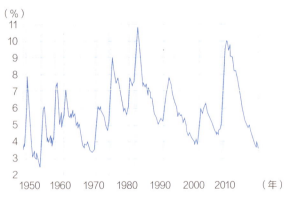

注：阴影区域表示美国经济衰退。

图1-1　美国失业率——滞后指标[1]

资料来源：美国劳工统计局

除了一般的先行、同步和滞后经济指标，还有美国经济咨商局经济先行指标报告，其中也包含许多关键指标。顾名思义，该报告包括了先行指标，但是除此之外还包括一些同步或滞后指标。该报告是第15小节的重点。

4 经济指标的价值

　　一提到经济指标的重要性，我就会想起西班牙潘普洛纳奔牛节。不过，我想到的不是人们在窄巷里狂奔避免被牛踩扁的场景。而是人们跟牛一起跑出窄巷，直奔斗牛场的场景，因为那时候，人会站在斗牛场内，公牛会围着人绕来绕去，追着人跑。

　　我参加奔牛节那会儿比较年轻，也有点傻乎乎的。我记得在竞技场上，有个小伙子看到公牛奔向他，就举起手捂住了自己的眼睛。当然，此举并未让公牛走开，这个人也被踩了。

　　你如果不关注重要的经济指标，你的下场就跟他一样。如果你找过工作，买过房子，借过贷款，或者做过商业投资，那么经济形势可能已经对你产生过影响了，尽管你可能还不知道你被影响了。

　　让我们看看为何经济报告会对你个人、公司以及金融市场产生影响。

　　我希望你能熟悉并且能解读一些重要的数据。

　　首先，我们来看人人都关心的数据：房价。任何有房或考虑买房的人都关心房价。此外，房地产跟所有市场一样，其价格深受当前供需以及预期供需的影响。

　　目前有许多不同类型的住房数据，这虽然有点像谜题，但是非常重要。

　　这些数据源自许多月度经济报告，包括新房销售、现房销售、新房开工率、建筑许可证数量和其他数据报告。

买房或租房前熟悉这些数据，你会非常受益。

几年前，我刚好在经济大衰退①前卖出了自己的一套公寓。那套公寓在接下来的6个月里贬值了75%。因为我预判了未来的经济形势，所以没亏那么多钱。

如果你在建筑公司工作，而且你正在考虑购入新设备或招聘员工，你可能也想经常查看住房数据。

我的好朋友曾考虑在2007年年末去做房地产开发。他问我这个决定怎么样，因为他知道我就像鹰一样紧盯数据。我告诉他再等等，这让他避免血亏，避免了几十万美元的损失。

就业市场也有类似的谜题。

如果你考虑进入医疗行业发展，那就有必要了解医疗行业的发展前景。同时，你可能也想了解意向工作城市或州的失业率。

如果你打算买进沃尔玛、塔吉特或亚马逊等零售公司的股票，以上方法论同样适用，即你需要了解该行业的现状及其营业地区的经济情况。

如你所见，无论你在考虑生活状况、职业生涯、投资还是未来，都要了解许多数据。

抬手捂住眼睛可赶不走一头发怒的公牛。我不能欺骗自己，经济现实不会消失。你需要像1997年在潘普洛纳奔牛节的我一样，抓住牛角。你需要着手了解经济数据，开始了解那些对你很重要的全国、地区和行业报告。好消息是，当你抓住经济指标的"牛角"时，它可不会像公牛一样对着你流口水！

---

① 指2007—2009年美国次贷危机引发的金融危机和经济衰退。——编者注

5 经济指标对就业的影响

你刚刚毕业吗？你在找工作吗？你考虑跳槽吗？

如果你正在寻找下次职业机会，你需要数据——经济数据、劳工市场数据和不同行业的数据。

所幸，政府每月发布的就业市场报告和不同行业的经济报告都包含大量数据。

无论你从事零售业、房地产业、汽车行业、医疗行业还是金融行业，一定有经济报告分析你的行业形势，以及其他行业可能存在的机遇。

本小节中我们将讨论你需要关注的2种数据，以便评估你所在行业的发展潜力与限制。这2种数据分别是：全国或地区的就业市场数据和行业数据。

通过全国和地区就业数据，我们得知就业人数以及求职失败的无业人数。失业率低，劳动力市场就紧缩。这种情况下空闲的劳动力很少，因为基本人人都有工作。

一个地区的失业人数越少，该地区的就业市场就越强劲，你在求职或涨薪上就有更多的选择，你便拥有了更多的职业机会。在失业率高的地区，你的职业选择更少，职业机会更少。

不过全美、得克萨斯州或达拉斯市的失业率并不能完整体现你的职业前景，这些数据只能体现某些地区的就业情况。

但幸运的是，我们可以继续深挖这些数据，以掌握更多信息。

某些月度报告会公开行业就业数据，可呈现具体职业的发展潜力，比如汽车、零售和建筑行业的月度报告。

事实上，准确预测某一行业就业活动的最佳要素通常是与销售或服务活动有关的行业具体数据。

比如，如果汽车销售很火，那可能需要聘用更多的汽车销售员。毕竟，热门行业需要人手。

当然，如果你的行业不热门，你就需要另做打算了。一个区域有稳定的就业市场将增加你的职业机遇。比如，芝加哥的就业市场需求大，而你又刚好住在芝加哥。

如果你生活的地区就业市场好，那肯定是件好事。因为如果你的行业发展前景不好，你就可以关注其他行业的数据，寻找更好的工作。

如果你在百货商店工作，而电子商务的发展缩小了你的职业选择范围，你可能考虑转行到医疗行业。如果你需要更多的信息，你可以浏览下劳工统计局的数据资料，比如图1-2所示的该局预测的2026年之前美国就业人数增长最快的职业。

图1-2中有3列：岗位增长率、岗位增长量以及年薪中位数。三者并不一致。新增工作数量排名前三的职业是个人护理师、家庭保健师和软件开发人员。但软件开发人员的工资几乎是另外两者的5倍。在考虑职业选择时，有必要深入了解此类数据。

同时，了解与此类数据相关的经济数据报告也是个好主意。

	新增岗位增长率（%）E	新增岗位增长量（万个）E	年薪中位数（万美元）2016年5月
太阳能光伏安装人员	105.3	1.2	53.9
风力发电机组维修技术人员	96.1	0.6	55.2
家庭保健师	46.7	42.6	52.3
个人护理师	37.4	75.4	2.2
医师助理	37.4	4	10.1
执业护士	36.0	5.7	10.1
统计员	33.4	1.2	8.1
理疗师助理	30.8	2.7	5.7
软件开发人员	30.5	25.3	10
数学家	29.4	0.09	10.6

注: E表示预测，下同。

图1-2　美国2016—2026年预计增长最快的十大职业[2]

资料来源: 美国劳工统计局

　　例如，如果你正在关注行业月报，发现房屋销量激增，你可能会思考销量激增背后的人力因素——房地产行业的工作机遇可能在同步增加。

　　或者你一直关注就业月报，医疗职业的上升趋势让你想到了美国经济在未来几年对医疗工作的长久需求。

　　因此，你需要重点关注与你的工作以及你在考虑转行的工作直接相关的就业报告和行业报告，这里有重要数据。

　　这些数据对你的职业及行业有何启示？

　　其他行业在就业及晋升方面有无更强劲的增长或更多机遇？

　　你所在的地区情况怎么样？是否失业人员非常多，导致薪资水平较低？

　　查看正确的经济数据可以让你为未来做出正确决策。

6 经济指标对行业的影响

经济指标就像多米诺骨牌。

一条数据可以影响另一条，另一条再影响下一条，引发连锁反应。

砰，砰，砰……

每个经济指标都是一连串经济多米诺效应的开始。

一份报告发布，影响力会蔓延至相关行业，同时其他的行业也会受影响。只有理解了多米诺效应，才能理解经济指标的真正价值。

商业领袖、投资者和员工都需要了解公司和行业的发展形势，所以我们谈谈经济指标如何对行业产生影响。

我们将此分为一级、二级和三级影响。一个数据乍一看与其他行业无关，但是经济连锁反应也可能会对其他行业造成影响。

你可以这么来看：我推倒一块骨牌，这对第一层商业圈造成了第一级经济影响。这种影响很直接，也很容易理解，这块多米诺骨牌是这个行业的指标。从逻辑上讲，零售行业的数据会直接影响零售公司。

好的零售报告可以导致塔吉特①或者沃尔玛的股价上涨，这

---

① 美国第二大零售百货公司（仅次于沃尔玛）。——译者注

也很正常。

第一块骨牌倒下时，会推倒第二块骨牌，这就是第二级商业影响。在这个案例中，塔吉特和沃尔玛的床品或服装供应公司的商业活动会增加，或者这些公司的股价会上涨。

第二块骨牌推倒第三块骨牌，这就是第三级影响。

比如，因为预计床品和服装的需求强劲，棉花价格会上涨。

其他的经济指标也会导致类似多级反应。

每份经济报告都会影响几个不同的经济领域。

例如，在房地产行业，建筑许可证数量减少，则可预计建造的房屋数量减少，因此未来建成的房屋数量减少，待售房屋数量减少。第一块骨牌刚倒下，这就是它带来的第一级影响。

房地产行业的从业人员会最先发现建筑许可证数量减少，因为他们是第一批受影响的人。

但还有涟漪效应——这个数据还会影响其他行业。

第二级影响是，如果房屋销售骤减，新冰箱或洗衣机的需求就会下降；博世（Bosch，德国家电公司）或肯摩尔（Kenmore，美国家电公司）则会调低产量预测值；房屋建筑商比如霍顿公司会减少招聘人数；惠好（Weyerhaeuser）之类的林产品公司也会推迟一些伐木作业。

如你所见，糟糕的住房数据会导致其他相关行业发展缓慢。

从就业的角度来讲，家电产量降低及建筑行业招聘人数减少这些二级影响通常意味着公司停止招聘或裁员。

受到影响的行业的公司可能也会减少设备采购和其他商业投资。

当然，也会有第三级影响。如果你的公司像美国铝业公司（Alcoa）一样，是为通用电气等家电厂商供应铝材的，如果通用电气减少其家电生产订单，你所在公司的业绩也会下滑。

受到第三级影响的还包括美国机械设备公司卡特彼勒（Caterpillar）等向林产品公司销售伐木设备的公司，这些供应商的业务也会减少。

为了找出对你公司而言最重要的经济指标，请你问自己几个问题：

你的公司服务于哪些行业？

你的客户是否还有下级客户？

如果有，是否有你所在行业最终用户情况的数据？比如汽车销售、房屋销售和零售行业？

找到那些反映最终用户动态的指标，对其进行分析。

无论是商业规划、个人职业规划还是投资，你都需要关注每笔钱的最终流向。

7 经济指标对投资的影响

每月第一个周五，美国劳工统计局会发布就业报告。

就业报告是对美国经济而言最重要的月度数据之一，这份报告通常会导致金融市场在每个月当中的最大波动。

银行和交易所称这一天为"就业日"。

如果就业数据不错，交易桌前的人们通常会欢呼庆祝。如果数据不容乐观，人们则会大声抱怨，唉声叹气，高声尖叫，甚至还会把桌子上的电话摔得噼啪作响。

美国就业报告会影响美元、股市、利率、债券价格和贵金属价格，甚至会影响铝、铜和石油等工业大宗商品。

经济指标对市场的宏观影响

如果你投资了金融市场的任一领域，宏观经济报告一旦显示形势不妙（如令人失望的就业报告），便会对你的整体投资组合产生负面影响。

除了就业报告以外，还有一些数据会严重影响金融市场及投资。

你还能从许多经济报告中看出经济状况是否良好。如果经济状况不佳，你的投资组合结果可能也不会好。

你所持有的股票、共同基金、交易所交易基金以及债券的价格，都会受到经济指标的影响。

良好的就业报告或国内生产总值报告会立即影响大量投资。股价上涨，你就会看到纽约证券交易所的交易员欢呼庆祝。许多人，包括我在内，经常会根据经济指标做交易。

你有没有听过这两句话，"屏幕上红色居多"或"屏幕上绿色居多"？

金融从业者和交易员经常提到这两句话，因为在交易平台通常用红色来表示投资减少。而投资增加时，则表现为绿色。彭博电视台、美国消费者新闻与商业频道和福克斯商业频道也经常提及这两句话。

如果一项重要的全国性报告数据不佳，比如国内生产总值下降暗示经济陷入衰退，或者就业报告公布失业率激增，便可能导致屏幕上红色居多，因为有大量投资价值下跌。

相反，如果一项重要的全国报告表现很好，比如国内生产总值增长强劲或者失业率大幅下降，通常会出现屏幕上绿色居多，因为大量投资价值上涨。

总结：经济指标会影响你的财富、你的收入以及退休储蓄。放之四海而皆准。

但有些报告不会对每个市场造成影响。

假如你在加拿大、德国和巴西这三个国家有投资，当看到交易屏幕一片红时，希望你早已将投资分散开来，以防某个经济体的国内生产总值增长变慢或失业率上升对你的投资造成巨大影响。

再来看看你自己的投资。你是否把鸡蛋都放在了一个篮子里？

如果是的话，仅一份糟糕的经济报告可能会影响你的全部投资。

经济指标对行业投资的影响

如果你也炒股，那就需要了解你所投资的行业的未来表现如何，并了解行业数据，如住房、汽车和能源等方面的数据报告，这些内容都会帮到你！同时，某些行业的经济指标会从许多方面影响你的投资。

然而，对于国家投资来说，通货膨胀和失业等国家经济数据非常重要，对于行业投资来说，行业数据非常关键。

关键的行业报告来自零售、房地产、能源和农业等行业。这些报告会左右你的投资。如果一份零售月报显示业绩不错，零售行业会吸引更多投资。

石油和天然气的库存周报也会对大宗商品相关投资和公司造成类似的影响。这也可以理解，因为这些报告能影响大宗商品的价格和能源投资。

如果你持有埃克森美孚的股票（或者你的能源股票或交易型开放式指数基金组合中包含埃克森美孚的股票），你需要关注油价暴跌的信息。因为油价浮动直接影响石油和天然气公司的股价，如果油价暴跌，你持有的埃克森美孚股票也会贬值。

除定期发布的每周指标外，其他经济报告也可能对市场造成重大影响。

例如，对美国电动汽车数量做出长期预测的年度展望，可能会影响特斯拉等电动汽车公司的股价，以及皮博迪等煤炭生产商的债券价格，还会影响油价，以及英国石油公司或壳牌等油气生产商的股价。

农产品价格也面临着类似风险。定期发布的耕种报告分析了玉米、小麦和大豆等作物的面积。这些报告可能影响粮食价格，影响约翰迪尔或卡特彼勒等农具销售商，以及通用磨坊等谷物生产公司。如果你投资了这些公司，你在管理你的金融投资组合时就需要考虑耕种报告。

如你所见，行业数据对投资非常重要。

想想你现有的投资。哪些市场对你的投资很重要？是否有与这些市场相关的行业指标，如新房销量、零售数据或服务业活动？能源与农业数据对你的投资重要吗？

以上行业均有定期的经济指标报告，如果想全面掌握你的投资，最好密切关注这些报告。

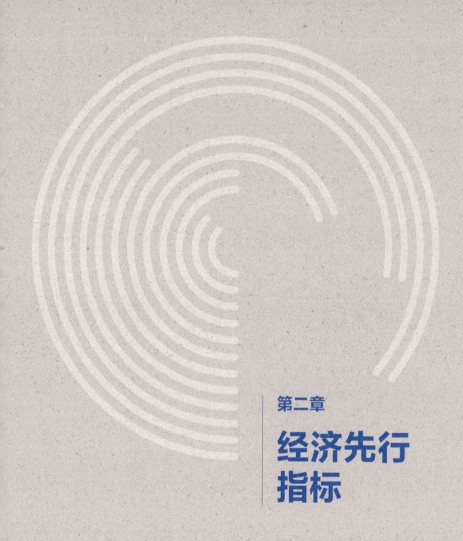

第二章

经济先行
指标

8 全球采购经理人指数

最重要的经济先行指标是各种采购经理人指数（PMI），该指数源自对制造业采购经理人的调查结果。该指数很适合用于评估制造业状况，因为采购经理人指数简单易懂，而且具有时效性，展示了采购经理人（即在工厂购买原材料和投入品的人员）的动态。

采购经理人指数简单易懂，因为该指数的分界点是50%。换句话说，如果采购经理人的月度采购增加，采购经理人指数将高于50%，预示商品的产量将增加，这是经济增长的前提。

然而，如果采购经理人指数低于50%，即预示着月度经济收缩。采购经理人指数的时效性极强，是重要的经济数据。采购经理人指数调查者一般将其在当月采集的相关数据于下月的第一个工作日发布。

制造业关键的采购经理人指数有：美国供应管理协会（ISM）制造业指数、中国财新制造业采购经理人指数和欧元区制造业采购经理人指数。此外，德国经济研究所（Ifo）经济景气指数和美国ISM非制造业指数也很重要。

图2-1展示了3个关键的采购经理人指数——中国财新制造业采购经理人指数、欧元区制造业采购经理人指数和美国ISM制

图2-1　欧元区、中国财新和美国制造业采购经理人指数[1]

资料来源：Markit，Econoday，Prestige Economics LLC

造业采购经理人指数。

　　这3项采购经理人指数对人们判断全球经济和全球制造业状况也很重要。

　　鉴于各项指标的分界点为50%，3项数据总和的分界点即150%。

　　图2-2展示了这3项采购经理人指数的总和。总和远超过150%时，工业大宗商品市场和新兴市场股票看涨。

　　采购经理人指数的总和低于150%时，工业品的需求和价格（如油价和工业金属价格）看跌。

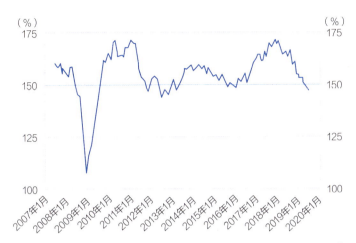

图2-2　美国ISM、中国财新和欧元区制造业采购经理人指数总和[2]

资料来源：Markit，Econoday，Prestige Economics LLC

9 美国供应管理协会制造业指数

每年我都会做十几场演讲。有时候，主办方会跟我讲，我演讲时只能用一张图。他们只想让我讲一种数据。

这种情况下，我便会介绍美国供应管理协会（ISM）制造业指数，该指数源自ISM对300家制造业公司的调查数据。

对美国经济而言，该指数是最为重要的一项前瞻性经济数据。它对就业、股市和经济增长都至关重要。因此，我认为这是预测美国经济是扩张还是紧缩或衰退的最佳指标。

那么，ISM制造业指数为何如此重要？

虽然，制造业在美国经济中的比重相对较小，仅占11%~12%，且制造业的从业者还不到全国就业人数的9%。但是制造业是资本密集型产业，制造业公司需要大量资金运营。

如果制造业扩张速度放缓，通常预示着信贷紧缩，公司无法继续投资，因此经济增长速度可能放缓，工作岗位可能减少。

相反，如果制造业在扩张，经济则很有可能进入快车道。

因此，制造业是整体经济的先行指标。

采购经理人

采购经理人是制造业的风向标，因为采购经理是真正负责采购物料的人。

制造一辆成品车之前，需要采购造车需要的金属、塑料和零件。因此，汽车制造公司的采购经理采购的是造车需要的各类材料。他可能采购轮胎、轮毂盖、保险杠或雨刷器等。

采购经理为什么会买这些材料？因为有大量客户订购汽车。

车辆制造完成后，将被计入国内生产总值，成为经济增长的一部分。当然，制造完成的车辆越多，国内生产总值就越高，车辆越少意味着国内生产总值越低。

汽车公司的采购经理购买的材料增加，则说明该公司的新车订单可能在增加。如果采购经理的采购量减少，则说明该公司的订单数量可能在减少。

ISM制造业指数反映了采购经理人根据美国经济形势采取的即时购买行动，该指数是未来订单和国内生产总值的先行预测指标。

ISM制造业指数低于50%，代表采购经理采购量与上月相比有所减少。

也就是说，未来订单数量减少，经济增长速度预计放缓，经济可能陷入衰退，失业率随之上升。

如果ISM高于50%，即美国采购经理的购买活动整体上呈扩张态势。

采购经理采购量增加，即说明未来订单量增加，经济增长速度预计加快，经济有可能增长。

ISM若为50%，则说明采购经理当月采购量与上月相同。当然，这种情况也不是很好，因为其他多数经济体的经济呈上涨趋势。

图2-3所示为ISM制造业指数。

注：阴影区域表示美国经济衰退。

图2-3　美国ISM制造业指数[3]

资料来源：ISM，Prestige Economics LLC

在大衰退期间以及2015年年底（经济危机爆发）和2016年年初，该指数一度下降至50%以下，此时的商业投资非常疲软。

美国ISM制造业指数

那一时期，美国经济有衰退的风险，但2016年ISM制造业指数反弹，整体经济增强，避免了经济衰退、股市震荡以及失业率上升。

该指数每次小于50%，便代表商业投资减少，经济增速放缓，并预示着失业率上升和经济衰退。

如果你关注美国的经济情况——就业率、经济趋势和股市，我建议你在每个月月初关注ISM制造业指数。

10 美国供应管理协会非制造业指数

美国经济是服务型经济。服务业的比重比你想象中更高。

提到服务，许多人都会想到快餐。因为有时政界人士提到低质量的服务岗位时，通常用快餐店的工作举例。但服务业几乎占美国经济的80%，不仅仅有快餐、按摩治疗和美甲服务，还包括会计、法律和金融等服务。

从占比80%的角度而言，明确服务业的经济指标自然是判断美国经济形势的重要途径。美国ISM非制造业指数便是美国服务业活动的首要指标。

ISM非制造业指数报告呈现了对数百家公司采购经理进行的月度商业活动调查的结果。

该报告的主要数据被称为采购经理人指数，采购经理人指数的分界点是50%。

超过50%的采购经理人指数说明美国的非制造业经济活动正在扩张，也就是占比80%的服务业正在增长。80%的经济都在增长，对就业、股市和国民医疗都有好处。

相信我，若ISM非制造业指数高于50%，美国个人退休金账户里的股票价格就会上涨。

那么，这份重要的调查报告都有什么内容？

这项采购经理人指数是非制造业（金融、房地产、交通运输以及其他不属于制造业的行业）公司的活动数据。

制造业公司需要购买什么？这个问题的答案很简单。汽车制造商购买汽车零件和金属；玩具公司购买塑料和棉花；家具公司购买木材和玻璃；等等。

非制造业公司需要购买什么？这个问题的答案就不那么清晰了。非制造业公司有时候购买办公用品和各种服务（比如法律和信息技术服务）等。

ISM非制造业指数高于50%有利于经济增长以及依赖经济增长的多数投资。但ISM非制造业指数低于50%，则情况不妙。因为ISM非制造业指数低于50%，则说明80%的美国经济正在收缩。幸运的是，ISM非制造业指数通常高于50%，如图2-4所示。

注：阴影区域表示美国经济衰退。

图2-4 美国ISM非制造业指数[4]

资料来源：ISM，Prestige Economics LLC

11 中国财新制造业采购经理人指数

中国是世界第二大经济体，也是世界最大的制造业国家。

实际上，制造业几乎占中国经济的1/4。

因此，中国的制造业对全球制造业、全球经济增长以及全球大宗商品市场需求和价格非常重要。

美国ISM制造业指数对美国非常重要，同样地，中国财新制造业采购经理人指数对中国也非常重要。

根据中国财新制造业采购经理人指数，中国制造业在2014年12月至2016年6月期间处于衰退状态。中国制造业的衰退导致全球大宗商品市场大规模疲软，因此在此期间，工业金属和石油价格处于巨大压力之下。

2018年和2019年，中国财新制造业采购经理人指数走弱。图2-5体现了中国财新制造业采购经理人指数的疲态。

这种疲态预示着全球经济的下行风险和制造业衰退风险。与中国制造业上次出现的衰退一样，中国财新制造业采购经理人指数疲软再次给工业金属以及石油价格带来重压。

最近中国的制造业形势很大程度上受中美贸易摩擦影响。中美双方贸易关系的前景对中国制造业的未来至关重要。

15年来，我一直撰写与大宗商品市场有关的作品，也预测

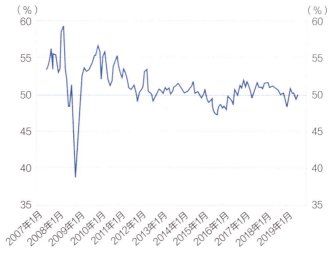

图2-5　中国财新制造业采购经理人指数[5]

资料来源：Markit，Econoday，Prestige Economics LLC

大宗商品价格。对于这些市场，中国财新制造业采购经理人指数是当下最重要的指标。

12 欧元区制造业采购经理人指数

美国、中国和欧元区是世界三大经济体。

欧元区包括10多个使用欧元的国家，这些国家的中央银行政策由位于德国法兰克福的欧洲央行制定。

在欧元区，欧元区制造业采购经理人指数是最重要的经济先行指标，人们据此能够洞悉未来经济增长、就业形势和商业活动。

与美国ISM制造业采购经理人指数和中国财新制造业采购经理人指数类似，欧元区制造业采购经理人指数也于每月月初发布，呈现了上个月制造业活动的调查结果。

与其他的采购经理人指数类似，该指数的分界点也是50%。

若该指数高于50%，则欧元区制造业在扩张。若该指数低于50%，则欧元区制造业在收缩。

制造业很重要，因为制造业引领着经济增长。即使该指数仍高于50%，突然下跌也预示着欧元区经济增速会减缓。

这对普通人意味着什么呢？

如果你在欧元区有投资，或者投资了在欧元区交易商品的企业，或者你打算下次去巴黎或罗马度假，你应该关注欧元区经济的形势，因为欧元区经济形势将影响你的投资、在欧元区商业活动的成本，同时汇率也会影响你在巴黎买长棍面包以及在罗马吃比萨的花销。

图2-6展示了欧元区制造业采购经理人指数的最新动态。

欧洲央行于2012年年中至2014年年末资产负债表的规模减小了，欧元区经济增长开始减缓，很有可能出现第三次衰退。2015年年初欧洲央行实行量化宽松计划，才避免了第三次衰退。

欧元区制造业采购经理人指数于2017年12月升至历史新高，经济表现强劲。但该采购经理人指数于2018年大幅下降，2019年行业出现收缩。这凸显了2019年欧元区经济的下行风险。

继欧洲的主权债务危机后，欧元区的制造业和经济经历了

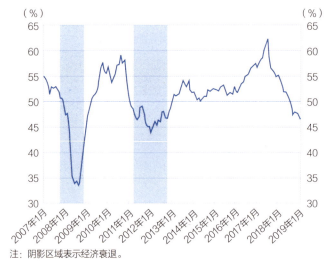

注：阴影区域表示经济衰退。

图2-6 欧元区制造业采购经理人指数[6]

资料来源：Markit，Econoday，Prestige Economics LLC

双谷衰退[①]。目前该采购经理人指数低于50%，表明当前欧元区制造业处于衰退状态，同时欧元区经济即将面临全面衰退的重大风险。

如果欧元区制造业采购经理人指数之前低于50%，之后再高于50%，即预示着欧元区经济正在扩张。

鉴于以上原因，该指数对欧元区未来经济、欧元实力及欧元区投资而言均是关键的经济指标。

---

① 即双谷经济衰退，指国内生产总值经过一两个季度的增长后再次出现负增长。——译者注

13 德国经济研究所经济景气指数

对欧元区经济而言，最重要的经济先行指标是欧元区制造业采购经理人指数，另一关键的先行指标便是德国Ifo经济景气指数。

德国Ifo经济景气指数的命名源自编制该指数的机构——经济研究所（缩写为Ifo），该机构负责汇编数据。

欧元区制造业采购经理人指数每月数据于下月月初发布，德国Ifo则于当月月末发布本月数据。

例如，2018年6月的欧元区制造业采购经理人指数于2018年7月1日发布，而该月的德国Ifo经济景气指数则于2018年6月25日发布。

经济学家和分析师一直希望能以更好的方式预测金融市场和经济情况。

同一个月的德国Ifo经济景气指数的发布时间比欧元区制造业采购经理人指数早一点。

当然，德国经济占欧元区经济的20%，是欧元区最强大的经济体。虽然这一比重不能代表绝大部分欧元区经济，但是，德国Ifo经济景气指数仍被密切关注，成为欧洲最重要的指标之一。

德国Ifo经济景气指数没有分界点，它包括3项主要数据。

- 对商业现况的评估
- 对未来6个月的前景展望
- 整体经济景气指数，是前2项数据的平均值

经济景气指数常被主流媒体引用，也是投资者、策略分析师关注的重点。

强劲的德国一般有利于欧元和欧洲股市。但该指数的影响不仅限于欧洲。

若Ifo数据好，可为全球股市带来积极的连锁效应。反之，若Ifo数据不佳，也会将风险传递给全球市场。

毕竟，德国经济走弱会让欧洲市场经济增速放缓，这会影响美国市场，进而对亚洲市场产生负面影响。

总之，如果你想只关注预测欧元区增长的2项数据，那你就该关注欧元区制造业采购经理人指数和德国Ifo经济景气指数。

14 消费者信心指数

约70%的美国经济由个人消费带动。个人消费指的是普通人购买衣物、车辆和食品等物品。

只要人们有工作而且在消费,美国经济就不太可能衰退。

当然,如果美国人对经济不太有信心,也不会经常疯狂购物。

实际上,当担心经济形势不好的时候,我就会少买东西。我可能推迟购买新车或新沙发,甚至,参加朋友生日聚会时可能会买更低价的酒。

真相就是,如果人们对经济很有信心,就会增加消费。人们对经济没有信心,就会减少消费!

因此,美国经济咨商局消费者信心指数成了一项重要的经济指标,因为该指数反映了美国消费者的信心。

消费者信心对金融市场影响很深。消费者信心强,多数股价会上涨,而消费者信心弱则不利于经济和股票市场。

尼尔森公司一直为美国经济咨商局进行随机抽样调查,以反映全美消费者信心。调查电视节目收视率的也正是这个尼尔森公司。不过,消费者信心跟电视剧《权力的游戏》和《行尸走肉》可不一样。

消费者信心可以成为金融市场的重磅炸弹。

零售业股票、汽车制造商和其他直接向消费者出售商品和服务的公司最有可能受到这类报告的影响，影响可好可坏。

你在《今日美国》（*USA Today*）上读到的，通过美国国家公共广播电台听到的或者在彭博电视台上看到的消费者信心指数调查问卷都只有5个问题，其中2个问题有关当前形势，3个问题有关未来预期。

这很合理，因为你对经济的信心既影响你目前的做法，也反映你对未来的考量。

这5个问题的反馈形成了3个指数：

• 消费者信心指数，即5个问题的反馈数据均值
• 现况指数，即2个现状问题的反馈数据均值
• 预期指数，即3个未来问题的反馈数据均值

现况指数的2个问题主要询问你对当前市场情况的看法。与上月相比，市场变好、变坏还是不变？

另一个问题则询问你对当前就业形势的看法，问法类似。

预期指数的3个问题中的一个是你对未来6个月的经济有何看法，与上月相比是变好、变坏还是不变？

其他2个对未来的问题是关于未来6个月的就业和家庭收入，问法类似。

消费者整体信心指数是整体信心的体现，现况指数和预期指数之间的对比可能对经济、就业和投资产生重大影响。

我举几个例子。在衰退期，现况指数可能非常低（比如85%），但预期指数较高（可能是95%或100%）。这可能预示着衰退期将尽快结束，因为经济前景比当下好。

换个角度，如果现况指数很高（比如120%），但预期指数很低（如100%），这可能预示着经济增速放缓，因为人们对未来的信心不如当下充足。

当下与未来的对比非常重要。

但最重要的数字是消费者整体信心指数，该指数的每月变化对金融市场最为重要。

毕竟，金融分析师都知道，金融市场的两大驱动因素是恐惧和贪婪。

消费者如果感到害怕，消费会减少，经济增长放缓，股价会下跌。

所以，如果你想了解哪些数据可能会为零售业增加就业机会，或零售业的整体股票市场情况，或整个股票市场情况，消费者信心指数则是需要关注的关键指标。

美国经济咨商局消费者信心指数让我们得以窥见消费者的内心所想，请大家关注这个全美经济的首要驱动力。

15 经济先行指标

我有个朋友的邮箱签名是："我只愿在今天拥有明天的《华尔街日报》。"

换句话说，他想提前知道经济和金融市场的未来。许多人都这样想，因为经济影响他们的工作和投资。

我在第3小节提过，经济指标可分为3类。

预示未来的经济指标被称作先行指标，因为它们引领着经济增长。

反映当前经济情况的被称为同步指标，因为它们最符合当下的经济活动。

反映过去的经济指标被称作滞后指标，因为它们滞后于实际的经济活动。

简而言之，如果你想在今天拥有明天的《华尔街日报》，那就应该密切关注先行指标，比如，美国经济咨商局公布的经济先行指标报告，叫作经济先行指标指数。

经济先行指标指数是一项非常有用的工具，因为该指数包括10个不同的部分。可以把它想成一种前瞻数据大杂烩。对美国来说，这10个部分涉及一系列关键问题。

有2个部分数据涉及就业：

• 制造业的每周平均工作时间

• 首次申领失业保险的每周平均人数

有3个部分数据涉及制造业订单：

• 制造商新增消费品订单和原材料订单

• 新订单美国ISM制造业指数

• 制造商新增非国防资本货品（不含飞机）订单

有部分数据与住房相关：

• 住房：建筑许可证数量，新建私人住房数量

• 股票：标准普尔500指数

• 信贷：先行信用指数，美国10年期国库债券与联邦基准利差

• 预期商情：消费者对商业状况的平均预期

如你所见，经济先行指标指数集合了一揽子广为人知的先行数据，对未来市场交易进行了可靠预测。因此，经济先行指标指数的主要作用之一便是预示经济周期的高峰和低谷。

市场中交易活跃的大多数人都是趋势交易者，即把握市场的上行或下行趋势来做交易。技术交易员更是如此，但做交易、冒风险和策略分析时所面临的最大问题通常是：何时出现高峰？何时出现低谷？

换句话说，怎么才能知道我已经赚够了我打算赚的钱，该卖出了？又怎么能知道何时再次买入？

总之，确定高峰与低谷很难，但这就是经济先行指标指数的作用。所有的金融交易员都知道那句话："抄底只会脏了手。"

交易员可能会根据这个指标进行投资，押上他们的业绩，但经济学家在经济先行指标指数上的押注是他们的声誉，这个

押注更大些。

对经济衰退期进行观察时，经济学家会用经济先行指标指数来确认或打消他们对经济的顾虑。

我在2016年年初曾经和一位经济学家交流，当时美国商业投资处于衰退期，其他的经济指标也都指向衰退趋势。

但他认为经济还未衰退，因为经济先行指标指数还不够弱。结果是，他说对了，因为他在关注经济先行指标指数。

2018年，股票市场创下历史新高，消费者信心回到2000年以来的最高水平，人们仍在关注先行经济指数是否会再度走高。

对你我这样的普通人来说，经济先行指标指数非常重要，因为经济先行指标指数下跌时，你的投资可能也会失败，你的工作可能也在危险之中。

经济先行指标指数非常关键，因为它不只是影响汽车或住房等单个市场。

经济先行指标指数对整个经济都很重要，该指数下跌或者预示经济衰退时，全美国的公司都会受到影响，包括：亚马逊、卡特彼勒、迪士尼、福特、苹果、埃克森美孚，等等。

无论你投资美国经济的哪一板块，经济先行指标指数大幅下跌都会对你产生影响。

当然，经济先行指标指数持续上升可能为你在美国的投资带来积极影响。

对整体经济活动而言，尤其是重要的增长低谷和高峰时，经济先行指标指数都是我们需要密切关注的关键指标。

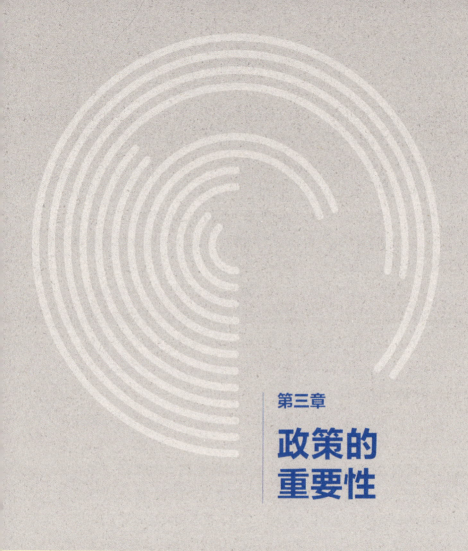

第三章

政策的
重要性

16 国际货币基金组织季度报告

国际货币基金组织拥有190个成员，基本上包括了世界主要国家和地区。所以不难理解，国际货币基金组织可以洞悉全球经济增长的趋势。

正因如此，国际货币基金组织每季度发布的全球增长预测对未来的经济预期非常重要，也对大宗商品价格和全球股市非常重要。

此外，土耳其、巴西、印度和中国等新兴市场尤其依赖全球经济的稳步增长。毕竟，这些市场为全球提供关键制成品和原材料。全球经济稳步增长，新兴市场才有可能欣欣向荣，而全球增长步伐放缓通常对新兴市场有巨大的负面影响。

国际货币基金组织是一流的非政府组织，旨在促进国际贸易，推动就业增长和经济可持续发展，同时帮助减少全球贫困。所以，预测经济增长前景是国际货币基金组织的重要任务。

国际货币基金组织增长预测于每季度发布一次，其中，对未来2年的预测受到密切关注，因为投资者和商业领袖往往把2年视为基于增长前景制订计划的合理时长。一旦超过2年，经济前景就很难预测了。

我们来看下国际货币基金组织的《世界经济展望报告》。该报告可在国际货币基金组织网站中找到，网址为：

http://www.imf.org/en/publications/weo

你进入网站后，往下滑便可以找到最新的《世界经济展望报告》或网站更新内容。这份报告的表格包含了最近的国内生产总值历史增长率和国内生产总值预期增长率。

具体包括对以下经济的预测：

- 全球经济
- 先进经济体
- 新兴市场经济体
- 单个经济体

表3-1展示了该报告的一部分。

表 3-1 2018—2020 年部分经济体国内生产总值增长率及预测 [1]

经济体	国内生产总值增长率（%）		
	2018 年	2019 年 E	2020 年 E[①]
全球产出	3.6	3.2	3.5
先进经济体	2.2	1.9	1.7
美国	2.9	2.6	1.9
欧元区	1.9	1.3	1.6
德国	1.4	0.7	1.7
法国	1.7	1.3	1.4
意大利	0.9	0.1	0.8
西班牙	2.6	2.3	1.9
日本	0.8	0.9	0.4
英国	1.4	1.3	1.4
加拿大	1.9	1.5	1.9

---

① 受新冠肺炎疫情的影响，该组织已调低了数值。——编者注

经济体	国内生产总值增长率（%）		
	2018 年	2019 年 E	2020 年 E①
其他先进经济体	2.6	2.1	2.4
新兴市场和发展中经济体	4.5	4.1	4.7
独立国家联合体	2.7	1.9	2.4
俄罗斯	2.3	1.2	1.9
俄罗斯以外国家或地区	3.9	3.5	3.7
亚洲新兴发展中经济体	6.4	6.2	6.2
中国	6.6	6.2	6.0
印度	6.8	7.0	7.2
东南亚国家联盟	5.2	5.0	5.1
欧洲新兴和发展中经济体	3.6	1.0	2.3
拉丁美洲和加勒比地区	1.0	0.6	2.3
巴西	1.1	0.8	2.4
墨西哥	2.0	0.9	1.9
中东、北非、阿富汗和巴基斯坦地区	1.6	1.0	3.0
沙特阿拉伯	2.2	1.9	3.0
撒哈拉以南非洲	3.1	3.4	3.6
尼日利亚	1.9	2.3	2.6
南非	0.8	0.7	1.1
低收入发展中国家	4.9	4.9	5.1

资料来源: 2019年7月的《世界经济展望报告》

国内生产总值历史增长率通常在最左侧，而未来2年的增长率预测在右侧。

3%在很大程度上是全球整体增长率的分界点，这是最需要了解的内容。

对美国或欧元区这样的先进经济体而言，国内生产总值增长3%听起来非常不错，实际上这个增长率只是大致与全球人口增长率持平。所以全球国内生产总值增长3%实际上令人相当失望。

因为地球上每年新增3%的人口，所以全球经济在任意一年内都应当自动产出3%的国内生产总值增长。

基于以上原因，3%的增长率预测并不算好，小于3%的全球增长率可以算很糟糕了，这意味着资本和技术并未对全球增长做贡献。

总体而言，全球国内生产总值增长3.6%以上对股市有利，且有可能让股价走高。

当你权衡国际货币基金组织全球增长率预测的重要性时，我给你一个忠告：这些只是预测，而且经常会随着经济动态的变化被调高或调低。

此外，我再提供一个专业技巧：国际货币基金组织每季度发布预测时还会召开一次新闻发布会，你可在直播期间提问。

我每个季度都会关注国际货币基金组织的增长预测。这是我的重要日程，因为这些预测揭示了未来的经济趋势。对大多数行业和投资而言，这是重要数据。

毫无疑问，国际货币基金组织的预测对工业金属价格、油价和其他全球大宗商品而言至关重要。国际货币基金组织的增长预测与采购经理人指数和其他经济先行指标报告是全球重要的市场动向数据。

17 石油输出国组织的决策

政界人士、石油分析师和普通消费者一谈到油价，常会提到石油输出国组织。

我参加石油输出国组织会议大概有15年了。这些会议会影响油价。

截至2021年中期，石油输出国组织有13个成员国，包括沙特阿拉伯、伊拉克、伊朗、利比亚、委内瑞拉等。此外，石油输出国组织从2017年12月起也开始和其他非石油输出国组织成员的国家合作，如俄罗斯和墨西哥等。

实际上，我认为石油输出国组织更像"中央石油银行"。石油输出国组织成员未对全球石油进行垄断生产。实际上，石油输出国组织成员国在2019年日产量为3000多万桶原油，约占全球原油供应的1/3。

换句话说，就算石油输出国组织成员控制着大量石油生产，他们也未垄断。

石油输出国组织并不直接制定油价。

石油输出国组织关注全球石油库存和产量，让油价保持在合理范围，一方面能使石油输出国组织赢利，另一方面又不至于太高，避免人们放弃将石油作为交通运输的主要能源。

这种政策在过去几年非常有效。

所以，石油输出国组织是怎么做到的？

石油输出国组织通常每年召开2次正式会议。

过去，石油输出国组织在奥地利维也纳全球总部和其他成员国轮流举办会议。

然而，现在石油输出国组织几乎一直在维也纳举办会议。

这些会议非常类似公司的总裁圆桌会议。各成员国的部长来到维也纳，前往大型会议室里开会，设法制定让整个集团满意的政策。

你在加油站的消费，你所在公司的支出，石油生产商、石油消费者和炼油厂的股价都会受油价影响。

如果你的工作或投资与大宗商品、能源、航空、炼油、货运、汽车相关，石油输出国组织会议决策很可能对你有重大影响。

这些会议的决策也会对重视能源行业的城市非常重要，比如美国休斯敦或加拿大卡尔加里，这两所城市的能源行业非常发达。

此外，油价可以导致通货膨胀，通货膨胀可以影响中央银行利率决策。因此，在某些方面，石油输出国组织是可以影响其他央行政策的"中央石油银行"。

所以，石油输出国组织会议每年最受媒体关注和期待。石油输出国组织的决策会影响能源价格以及能源公司的股价，此外，还可能影响通货膨胀预期和利率。

18 财政政策

政府要管理他们的财政。

无论政府的预算决策明智还是愚蠢，这些决策都属于财政政策。

财政政策关乎政府对公民和企业的征税方式、政府的支出方式，以及政府对其债务的管理方式。

别忘了，并非所有政府都量入为出。实际上，能做到量入为出的政府非常少，因此财政政策还涉及政府在无力负担支出时怎样举债，以及政府如何管理债务的利息或者还债。

这些政策便是财政政策，财政政策会影响利率和税率，并最终影响经济增长率。

财政政策对经济体而言非常重要，因为多数国家中最大的生意便是政府本身。许多年以来，美国政府的支出约占整个美国经济的18%。

政府的支出方式会影响许多行业。如果政府增加在基础建设方面（如高速公路和桥梁）的支出，建筑公司可能会兴旺发展，建筑设备制造公司和运输公司也会得到相应发展。

如果某国家决定增加军事支出，飞机、武器以及防御系统的制造商则会收到增量订单，公司价值也会相应增长。

政府支出的分配会发生变化，有些国家的执政党随着选举而改变。

不同的执政党也会影响政府在教育与医疗上的支出比例。所以，政府的支出增加，经济就会增长。这不是政治问题，只是数学问题。

无论政府增加了教育、高速公路还是镀金马桶上的支出，经济都会增长（按国内生产总值计算）。

但还有2个关键问题：

第一个问题，政府本身通常不会产生收入。政府收入来自税收。

这意味着，新的货币不一定是被创造出来的，也可能从纳税人流向政府再流向他处。这种货币会对经济增长产生或多或少的积极作用，比留在私人部门中的作用更强些。

这取决于这些资金的支出方式和流向。此外，支出可能受到社会优先事项的驱动，但这方面的投资回报很难明确。

对商业设备减税通常会刺激企业购入更多设备，如计算机或工业机械设备等。

增加工资税可能会让公司考虑裁员，还可能刺激公司购入更多机器人或进一步落实自动化方案。

第二个问题，政府有时候（更确切地说，经常）支出大于收入，这就产生了负债。

这非常有助于夸大国内生产总值，但如果政府支出大于收入，则会放慢经济增长，因为负债增加会导致利率升高。

美国国家的负债水平通过2种方式体现：一种以绝对值衡量，比如美国的货币。另一种是占国家国内生产总值的比值，即债务占国内生产总值的比例。

第55小节中，我讨论了美国国债及债务与国内生产总值之比的长期上升趋势。

无论国家的负债是高或低，财政政策都会影响商业、消费者和金融市场。

你可以在国际货币基金组织的《世界经济展望报告》中查找你所处国家的债务水平和债务与国内生产总值之比。

19 货币政策

货币政策，字面上讲，就是针对货币的政策。

货币政策由中央银行制定，通常包括利率、通货膨胀目标、资产负债表政策、前瞻指导和其他经济活动。

中央银行制定重要的利率然后落实，有时候会扩大其资产负债表。此外，央行还会分享对未来政策的预期，这也可能对经济造成影响。

这些活动都属于货币政策。

美联储便是通过设定联邦基金目标利率来影响利率，从而影响资金成本。

美联储通过影响利率来影响资金成本，从而刺激经济增长，还必须谨慎地平衡通货膨胀和增长。

每个央行都要谨慎地取得这种平衡，但美联储衡量这种平衡的方式更为明确——即要达成所谓的双重使命：使美国经济保持在充分就业的状态，并将通货膨胀控制在2%以内。

美国经济增速放缓或处于经济衰退时，美联储则会降低利率，实行量化宽松货币政策。

这种情况下，个人和企业更容易贷到款，有利于刺激经济同时促进经济增长。

当然，有时候经济会过火，这时通货膨胀会成为人们最大的顾虑。

通货膨胀飙升时，美联储通常会抬高利率，即采取紧缩的货币政策。这种政策会间接导致商业投资放缓，从而导致整体增长减速并抑制通货膨胀。

除影响利率外，美联储和其他央行也可以扩大其资产负债表。

如你所见，中央银行持有本国和其他国家的货币储备。

央行所持有的资产被记录在央行资产负债表上。

央行可通过购买抵押贷款支持证券和政府债券来增加其持有的资产，美联储在2007—2009年大萧条①后就是这样做的。这是降低利率并刺激经济增长的极端措施，且非常有效。

大萧条后这个做法被称作量化宽松，图3-1中美联储的资产负债表增至4倍，从2007年以前不足1万亿美元升至2015年略高于4.5万亿美元的峰值。但美联储随后于2018年和2019年减少了其资产负债表总资产。但如果经济放缓，美联储还会再次增加资产负债表总资产。

欧元区、日本和其他经济体在大衰退后也实施了类似的量化宽松政策，旨在通过降低利率来刺激增长。我将在第44小节中进一步讨论中央银行的资产负债表政策。

利率和量化宽松政策会影响经济状况，此外，仅央行对其未来计划的讨论也能影响经济。有时候，寥寥几语就足以影响金融市场和整体经济。比如，欧洲央行表示其打算进一步降低

---

① 指2007—2009年美国次贷危机引发的金融危机和经济萧条。——编者注

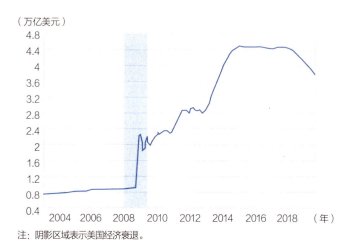

注：阴影区域表示美国经济衰退。

图3-1　美联储资产负债表[2]

资料来源：美联储

利率，实际上便可以鼓励投资和消费，反之，若其表示打算抬高利率，则会打击消费。这被称作前瞻性指导，谈论政策但实际不改变政策。

最后我要分享的是，人们讨论货币政策时会使用的几个动物名词。你一定听到人们谈过股市将进入牛市（即看涨）或熊市（即看跌）。美联储和其他央行使用的则是与鸟类相关的术语，就是字面上的"鸟类"。

若央行打算提高资金成本和利率或者收缩资产负债表时，即采取紧缩性货币政策时，便被称为鹰派[①]。

若央行打算降低利率从而降低货币成本，或扩大其资产负

----

① 形容手段强硬的一方。——译者注

债表，即采取宽松的货币政策时，便被称为鸽派[1]。

　　鹰派和鸽派还可被用于形容美联储政策委员会的某位特定成员的倾向。但不管是鹰派还是鸽派，在考虑经济或利率时，都得考虑货币政策和中央银行。

---

[1] 形容手段温和的一方。——译者注

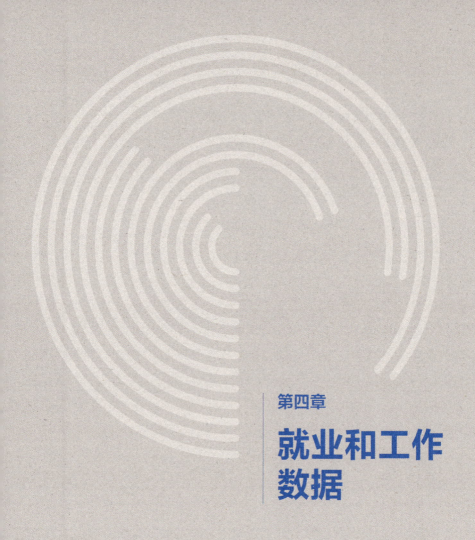

第四章

就业和工作数据

20 月度就业报告

就业数据非常重要。

因此，无论你是投资者、交易员，还是其他任何工种的从业者，每月最重要的一天通常是第一周的周五。

对我尤是如此。这并不是因为我讨厌工作所以喜欢周五。我热爱我的工作！这是因为，对整个金融市场而言最重要的经济指标通常于每月首周的周五发布。

这份报告或者说这个经济指标，就是美国的就业报告，或简称为就业报告。美国消费者新闻与商业频道和彭博电视台常用这个说法。

为何就业报告如此重要？这个解释起来很简单。

这份报告从就业的角度展示了经济状况。所有人都关心就业，包括你和我、各个政党成员以及美联储的中央银行家。所以就业报告中的数字会影响汇率、债券利率和股价。

就业报告囊括了大量数据，但有4项数据最能直接影响金融市场、就业前景和预期利率。

就业人数净变动

这是报告发布前月创造的岗位数量。这项数据对金融市场的潜在影响最大。

这项数据有时被称为非农业就业人数变动，因为该数据展示了美国除农业外各行业的就业人数变动。听起来有点怪异，但这项数据创建时，美国的农民人数比现在多很多。此外，农业就业人数随季节变化，可能会影响总体的就业数据。

我们来看个例子。

3月的就业报告于4月初发布，并展示了3月比2月净增新增工作岗位数。

如果该数据为25万个，则说明3月比2月的就业人数多了25万人。

这对经济来说是好消息，而且可以抬高股价。

相反，若这个数字是–25万个，则说明3月比2月的就业人数少了25万人。这对经济来说是坏消息，会让股价大跌。

图4–1展示了2017年7月至2019年7月美国非农业就业人数变动情况。

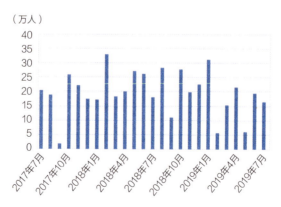

图4–1　美国非农业就业人数变动情况（已作季节性调整）[1]

资料来源：美国劳工统计局

失业率

就业报告的第二大数据是失业率，反映了想求职但未能就业的人数占比。

这是政界人士喜欢讨论的数据。研究该数字的趋势很重要，因为该数据在单个月份内的变动不大。

一般来说，创造的就业岗位数量对市场的影响更大。这一点尤其正确，因为失业率往往滞后于经济活动。

因此，衰退期结束（这是好事）后失业率甚至可能上升（这是坏事）。事实上，2007—2009年的大衰退就出现了这种情况，这次衰退于2009年6月正式结束。同时，就业率持续上升并于2009年10月达到10%的最高点。图4-2展示了这种动态变化。

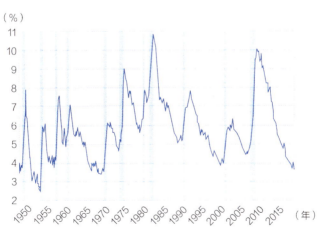

注：阴影区域表示美国经济衰退。

图4-2　美国失业率[2]

资料来源：美国劳工统计局

劳动力参与率

另一可以影响失业率的重要数据是劳动力参与率。即美国已经就业和失业但在求职的人数占比。如图4-3所示，这一占比在大衰退后锐减。

劳动力参与率在衰退期及之后都降低了，因为工作机会减少，同时受打击的工人人数增加。

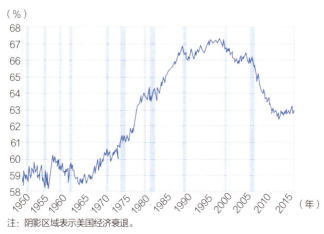

注：阴影区域表示美国经济衰退。

图4-3　美国劳动力参与率[3]

资料来源：美国劳工统计局

时薪

就业报告中的第三大数据则是平均时薪，反映了工资增长或工资通货膨胀。

这一同比百分比展示了劳动者平均时薪较上年的增长程度。如果这一数据较高，比如增长3%或以上，则可能成为金融

市场的一大顾虑，因为这个通货膨胀水平很可能需要美国央行
提高利率。图4-4中，你可以看到工资通货膨胀较上年的百分比
变化。

　　以上就是就业报告中对金融市场最重要的3项数据——新增
工作岗位数量、失业率和工资通货膨胀。

　　为了你个人的工作前景，我建议你看看最新一期就业报告
中新增岗位和减少岗位的详细数据。最近几个月新增和减少的
工作数量按行业列出，如零售、制造，以及专业和商业服务。

　　如你所见，就业报告中有许多重要数据，对经济学家、金
融从业者、政策制定者、求职者和高管都非常重要。

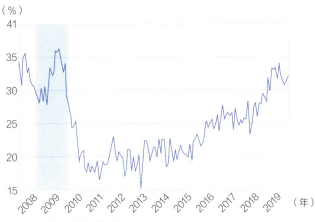

注：阴影区域表示美国经济衰退。

图4-4　美国劳动者平均时薪同比变化情况[4]

资料来源：美国劳工统计局

21 每周失业救济金申领人数

想知道美国就业市场增长放缓的首要征兆吗？

答案是，人们失业并申领失业救济金。

经济增速放缓最大的负面影响之一便是失业，因此金融分析师、投资者和主流媒体都非常关注每周申请失业救济金的人数。

此外，每周申领数据引向最重要的月度经济报告——就业报告。

失业救济金每周申请报告由美国劳工部公布，经济学家和媒体简称为失业补助申领报告。该报告列出了失业后申领失业救济金的人数。

该报告通常于周四发布，并列出了申请失业救济金的两类重要群体的数量：

• 初次申领人数。每周初次申领失业救济金人数，即刚刚失业的人数

• 持续申领人数。每周持续申请失业救济金人数，即失业已有一段时间的人数

人们出于多种原因而密切关注这些数据对就业市场的影响。

初次申请人数反映了新增失业人数。新增失业人数会飙升，而且通常在经济增速放缓的时候飙升。

　　但鉴于大多数人失业后都有一段时间处于失业状态，因此每周初次申请人数不太可能出现大跌。毕竟，失业者的失业状态至少会维持一周。

　　失业救济金申请人数数据的走向非常重要，因为它反映了就业市场发展的趋势。这种趋势可见于持续申领人数。

　　总之，持续申领人数表示失业人已失业超过一周。他们本次申领前已进行过首次申领，并非第一次申领。持续申领人数长期上升可不是好事，因为这代表着长期求职困难的人数增加了。

　　相反，持续申领人数长期降低是好事，因为这代表着更多的人逐渐摆脱失业找到了工作。

　　失业救济金申请数据中值得注意的是，伴随劳动力市场的迅速恶化，首次申领人数可能会急剧增加，但持续失业人数的改善通常需要很长时间才能体现在数据中。

　　原因是公司解聘员工通常速度很快，但招聘员工速度很慢。

　　鉴于每周失业救济金申领人数的公布周期较短，因此该数据对美国经济的整体情况而言是非常重要的信号。

　　这意味着，每周报告的向好趋势可以长期维护金融市场稳定，但失业申领人数激增会导致金融市场恶化，你的投资也会迅速贬值。

22 其他重要的就业数据

除了每月就业报告及每周失业救济金申领人数报告，还有其他重要的就业数据。

比如美国挑战者企业裁员数据报告，由执行外包公司美国挑战者企业每月发布。这个报告系列汇编了公开宣布的裁员人数及各公司报告的岗位削减数量。据此可分析每月新增就业岗位的未来净减少。

另一重要的报告是美国供应管理协会非制造业就业指数。这是美国供应管理协会非制造业指数报告的子指数，跟其他美国供应管理协会制造业指数一样，这一指数的分界点也是50%。同时这一报告中的服务业新增岗位指向非农就业人数。

最后则是美国经济咨商局的在线招聘求职系列报告，该系列报告展示了每月网上招聘职位数量的指数。

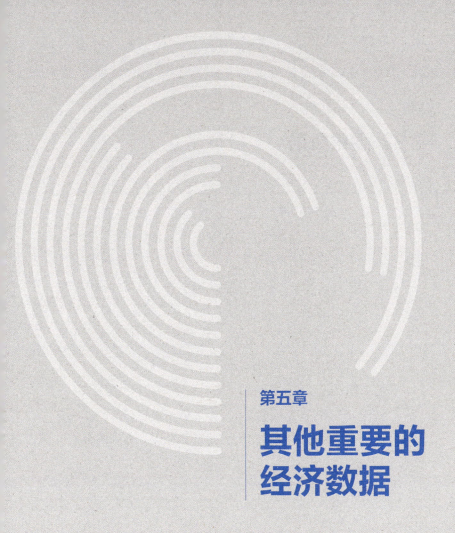

第五章

其他重要的
经济数据

23 零售数据

在美国，零售（包括线上、线下渠道）非常重要，因为美国经济在很大程度上由消费驱动。

像中国这样的国家的经济更依赖制造业，而沙特阿拉伯和尼日利亚之类的国家则依赖大宗商品。

但在美国，消费决定了经济。最重要的月度消费报告是《美国零售业预报》（*Advanced Retail Sales Report*）。

彭博新闻社或《华尔街日报》则常称零售数据为零售额。

经济学家和分析师通过这份报告来分析市场趋势，并确定经济走向。企业则利用这份报告来衡量其业绩，并预测未来市场需求。

美国月度零售报告包括：

• 汽车及零部件销售额

• 加油站销售额

• 餐饮店销售额

• 家具、电子设备及其他产品销售额

媒体通常引用的两大数据分别是月度零售总额的每月百分比变化，以及不含汽车及零部件销售的月度零售额，后者常简称为扣除汽车后零售销售。

如果这些数据逐月上升，那就是好事。零售报告需要关注两件事：

第一件事，在经济衰退时，零售额增长率通常非常低或者是负值，但这种情况不会持续太久。

毕竟，零售额同比增长率呈负值并非易事。因为零售报告并未考虑通货膨胀因素。零售报告反映的是经济学家所称的名义价格。

鉴于通货膨胀因素会导致物价随时间上涨，零售额自然会呈上涨趋势，增长率保持正值。也就是说，即使整体经济增长速度放缓或经济处于衰退，零售总额的增长率仍可能上升，因为人们购买商品的物价总是随时间上涨的。

图5-1 展示了零售总额的这种持续正向趋势。图5-2 则展示了零售额的同比增长趋势长期为正。

第二件事，零售预报并非全部零售商数据的报告。

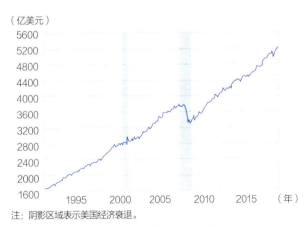

注：阴影区域表示美国经济衰退。

图5-1 美国零售总额[1]：零售及食品服务

资料来源：美国人口普查局

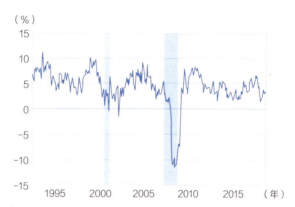

注：阴影区域表示美国经济衰退。

图5-2　美国零售额同比增长率[2]：零售及食品服务

资料来源：美国人口普查局

　　零售预报是预测性报告。该报告是对5 000家公司进行抽样调查之后得出的，其中1 300家公司为长期调查对象，因为它们对某些产业群的销售额有相对较大的影响。

　　再次提醒，这不是真实数字，而是估算数字。

电子商务

　　近年来零售业的发展最重要的一部分便是崛起的电子商务。这项数据统计了电子商务零售总额。

　　1999年四季度首次计算了电子商务零售额在总零售额的占比，仅为0.6%。但从那之后，电子商务的交易数额和在总零售额中的占比开始显著上升。图5-3反映了电子商务零售额的增长。

　　此外，图5-4中，你可以看到电子商务零售额在总零售额中

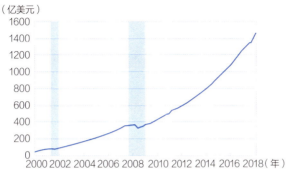

（亿美元）

注：阴影区域表示美国经济衰退。

图5-3 美国电子商务零售额[3]

资料来源：美国人口普查局

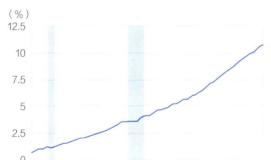

（%）

注：阴影区域表示美国经济衰退。

图5-4 美国电子商务零售额在零售总额中的占比[4]

资料来源：美国人口普查局

的占比增幅。

电子商务销售额正在大规模增长中，这一部分的供应链在增长。电子商务正由基本的消费者需求驱动，而消费需求可以说是势不可挡，在消费占比达70%的美国经济中更是如此。

尽管图5-4中，2019年一季度的电子商务销售已占总销售的10.2%，但这一数字也相对较低。

电子商务的零售额和在全球零售总额中的占比也在增加。无论在美国还是全球，未来电子商务的增幅可能更大，如图5-5所示。

如果你想了解美国经济的现状，那就很有必要关注零售数据。毕竟，消费占美国经济的70%。

因此，零售数据强劲对美国经济是利好，但如果零售总额降低，对经济而言则是个不利征兆。

零售数据对美国经济非常重要，同时对沃尔玛、塔吉特和亚马逊等零售公司的股价也非常重要，在整个股市中有举足轻重的地位。

图5-5　电子商务零售额在全球零售总额中的占比[5]

资料来源：Statista，Prestige Economics LLC，the Futurist Institute

24 汽车销售数据

汽车是最昂贵的消费品之一。

所以电视、广播、纸媒和网络上都有大量汽车广告。汽车公司希望你购买他们的新车。

新车消费对经济也有好处，因为新车销售额是美国国内生产总值的一部分。

然而，二手车销售并不记入国内生产总值。鉴于新车销量对美国经济增长的贡献，新车销售量也被算作重要的经济数据。

该销售数据称为轻型车销售量。该数据报告包括小汽车和轻型货车（含SUV[①]）的月销售额。

汽车销量数据于次月月初发布，即6月的汽车销售数据将于7月初发布。

汽车的销售数据不以美元报价，也不是实际售出的汽车数量。相反，汽车销售数据是经季节调整后的年增长率。如图5-6所示。

经季节调整后的年增长率即你在报告上看到的数字，可能是1700万辆、1800万辆或者1900万辆，是基于当月汽车销售量对全年汽车销售量的预测数据。

但经季节调整后的年增长量不是当月实际销售量乘以12，因

---

① 运动型多用途乘用车。——译者注

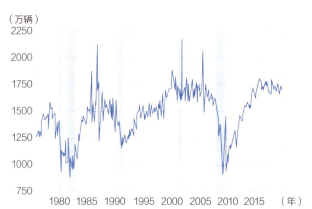

注：阴影区域表示美国经济衰退。

图5-6 美国轻型汽车销售量[6]：小汽车和轻型货车

资料来源：美国经济分析局

为它包括对季节性变化的调整——比如冬天的寒冷天气可能导致
销售量减少，美国阵亡将士纪念日及美国劳工节[①]等假期的销售
量偏高。这些季节的销售都被计入季节性调整中，因为根据经
验，特定月份会对销售数据产生某种影响，否则汽车的年销售率
会被高估。

此外，请注意媒体引用的汽车销售经季节调整后的年增长
率数据不包括重型货车，重型货车的数据每月另行发布。如
图5-7所示。

意义

所以，汽车销售数据对经济来说意味着什么？

---

① 美国劳工节（Labor Day），每年9月的第一个星期一，可以连休三天。——编者注

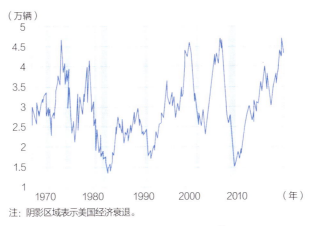

注：阴影区域表示美国经济衰退。

图5-7　美国重型货车销售量[7]

资料来源：美国经济分析局

　　经济增长呈正态势的年份里，汽车销售数据也很强劲。实际上，汽车销量不好的话，经济也很难强势。

　　也就是说，汽车销售数据对相关投资非常重要，比如对福特、通用汽车和丰田的股票及证券价格。同时，因为汽车销量对宏观经济非常关键，这些销售数据也会影响整个股市以及债券市场。

　　重型货车的销量甚至对总体经济更加重要，因为重型汽车代表着商业活动、资本支出以及全美贸易。

　　此外，其他相关的汽车月度数据对判断美国总体经济情况也很重要。美国经济分析局每月发布的数据包括车辆库存及进出口数据，还有美国产、加拿大产和墨西哥产的汽车数量。

　　另一个可预示汽车销量上升的数据为行驶里程数。该数据包括全部车辆行驶的总里程数，是总体经济活动的重要指标。

当然，汽车行驶的里程数越多，也就越需要维护和修理，最重要的是可能需要替换车辆。

图5-8中展示了行驶里程数的长期上涨趋势。

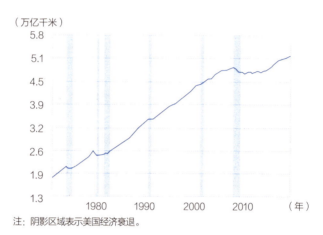

（万亿千米）

注：阴影区域表示美国经济衰退。

图5-8　美国汽车行驶里程数[8]

资料来源：美国联邦公路管理局

汽油

重型货车通常使用柴油做燃料，但轻型车通常使用汽油。

燃料价格会影响汽车销量，不会影响已售的汽车数量。但燃料价格通常会影响所售的车辆类型。这很合理，因为从燃料费用来讲，轻型货车（含SUV）的养车总成本比小汽车高。

实际上，2005—2015年油价上涨时，轻型货车（含SUV）占轻型货车总售出量的百分比在下滑。

这种负相关的现象持续了约10年，但是因为近年来油价长期低迷，负相关现象已经不见了。图5-9展示了这种现象。

图5-9 美国汽油零售价格和轻型货车（含SUV）销售量占比[9]

资料来源：美国能源信息署，美国经济分析局，Prestige Economics LLC

    这意味着，在10年内，人们对于购买车型的决策（是买小汽车还是轻型货车）往往不取决于车价或者经济形势，而取决于油价。

    轻型车辆的月销售数据是目前最难找的数据之一。

    该数据由美国经济分析局发布，销售报告被列入该局官网。

25 工业生产数据

有没有人用"勤勉[①]"来形容你呢？这个词指你非常努力。

如果你想知道美国经济是否在努力，就应该关注工业生产数据，该数据衡量了制造业、采矿业和公共行业对美国经济的贡献。

该数据由美联储发布，大多数分析师和媒体人士关注的是工业生产的月度百分比变动情况。

但该工业生产数据中最重要的部分是整体工业活动的长期趋势。

工业生产的衡量涉及几个关键的产品组合，包括消费品（汽车等耐用品及衣物等非耐用品），营业设备（如机械和信息技术设备等）、建筑和材料（纺织品、纸张、化学品和能源等）。

因为美国经济通常在增长并扩张，工业生产几乎总是在逐年增长，如图5-10所示。

实际上，如果追溯1919年起的数据，你可以看到工业生产至今只在衰退期出现过逐年衰退，但有一个例外：2015—2016年工业生产收缩时，并未出现经济衰退。

这个同步指标反映了人们的预期：工业生产在经济增长时

---

① 原文是industrious，与工业（industry）相关。——译者注

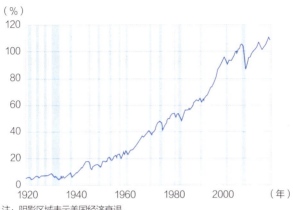

注：阴影区域表示美国经济衰退。

图5-10 美国工业生产指数[10]

资料来源：美联储

扩张，在经济紧缩时收缩。

图5-11反映了工业生产增长与国内生产总值增长之间的关系。

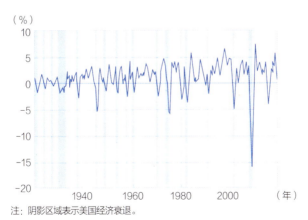

注：阴影区域表示美国经济衰退。

图5-11 美国工业生产指数同比增长情况[11]

资料来源：美联储

产能利用率

工业生产报告还包括一个经常被忽视的数据：产能利用率。

与工业生产类似，产能利用率也呈现出周期性特点，经常在衰退期下降并在经济恢复期反弹。

产能利用率非常重要，这个数据说明了各个行业是否有闲置设备。产能利用率上限为100%。

与产能利用率不同，工业生产无上限，因为工业产出体现的是生产量，而不是产能利用率。产能利用率高，对制造业和工业企业而言都是好事。

产能利用率在商业周期的顶峰时最高，在衰退期最低，如图5-12所示。

工业产出非常好理解，产能利用率稍复杂些。以下举个产

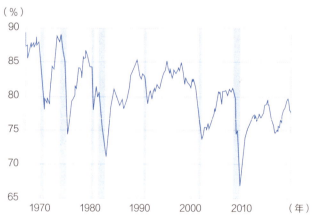

注：阴影区域表示美国经济衰退。

图5-12　美国工业产能利用率[12]

资料来源：美联储

能利用率的例子。

以汽车制造厂为例。该工厂每天能够生产100辆车，但仅生产了90辆。该工厂的产能即为100辆车，产能利用率为90%。

若该汽车产商以99%的产能利用率生产，意味着该工厂正在快速制造大量车辆。这有利于该公司的股价、员工以及用人招聘。

但如果产能利用率只有60%，则情况不妙。

若产能利用率不高或者下降，这些行业公司的赢利能力也会下降，因为这说明订单量减少。

这意味着，行业发展不顺，可能需要裁员。同时公司的股价也可能下跌。

若你公司的产能利用率高，则说明公司运转良好，可能需要扩张壮大并聘用人手。如果产能利用率低，建议你开始寻找其他的职业机会。

第六章

住房数据

26 住房数据概述

2005年左右，美国房价飞涨，我买了第一套房，是套公寓。有一天，我下班回家，一名女士的车停在公寓大楼的停车坪。她坐在车里冲我喊道："嗨，你是住这儿吗？"

我告诉她是的，她问我在这儿住了多久。当时我住了一年左右。她想知道我的房子价格涨了多少。

我告诉她我不知道。这是事实。

她有些震惊。她问我："你怎么会不知道自己房子值多少钱呢？"

我回答道，我买这套房子是因为它月供很低。她觉得我疯了。实际上，我买了一套可以居住的房子，而且我只关心我每月对抵押贷款（包括本金和利息）的支付能力。

虽然我仅以月供来考量我对房子的负担能力，但多数人非常关心房价，因为房子可能是他们最值钱的资产。

对很多人来说，贷款买房可以减免一些个人所得税。贷款既能逼着自己省钱，还能拿到房屋所有权。

房子是大部分人最重要的投资，也是多数人关心的主要问题。每个人都需要买房或者租房。在同事、朋友的聚会中，房地产市场也是个非常常见的话题。

幸运的是，许多住房报告数据都能帮助你对这一行业进行分析。这些报告可以帮助你理解房地产并在不同的场合里参与讨论，但别指望对房屋销售和房价数据的透彻理解能让你成为聚会的焦点。

有房或正考虑买房的人至少比租房的人更关心他们的房价和月供。

从逻辑上讲，房地产市场跟所有市场一样，房价也受供需关系影响。

但既然这是个现实市场，房价还受以下因素影响：未来可用新房的潜在供应情况、未来的潜在需求（可能受利率影响），以及已售房价格的平均值和中位值。

许多经济报告中都有这些数据，买房前熟悉这些数据非常有用。

最重要的住房数据报告包括：

• 新房销售数

• 现房（类似于中国的存量房）销售数

• 待成交房屋销售指数

• 抵押贷款申请

• 房屋开工和建筑许可证数

• 凯斯–席勒指数[1]

房屋销售也受利率水平影响，所以关注利率有助于判断未来固定贷款利率以及可调利率抵押贷款的变动趋势。利率上涨

---

[1] 凯斯–席勒指数（Case-Shiller Home Prices Index）是由标准普尔公司编制的、反映美国房屋价格的多重指数。——编者注

一般会减缓房屋建设活动，利率降低则有利于房屋建设活动。

住房数据对你也非常有用！住房数据可为你提供房屋销售情况、房价水平以及房地产活动趋势的信息。如果你想知道你的房子可能值多少钱，或者你在考虑买房或者卖房，这类数据将对你非常重要。

考虑投资房地产，或者投资房地产相关公司（如建筑公司、林产品公司、房门制造商或家电公司等）时，住房数据也非常重要。

最后，如果你考虑在房地产公司工作，那么住房数据也对你很重要。

在本章中，我们将进一步研究一些重要的住房活动指标，探索房屋销售和价格的关键驱动因素。

27 房屋开工数

人们说要建立梦想家园，但梦想家园只是个梦。除非施工团队出现，开始打地基，浇混凝土，建造起房屋结构，梦想家园才算开始。

从政界人士和政府经济学家，到通用电气和惠而浦[①]的投资者，再到大宗商品交易员，所有人都想知道房屋销售的未来，因为房屋销售对经济增长很重要，对家电销售很重要，对建房需要的木材、钢材和铜材很重要。

所以，我们如何预测未来的新房销售数量？哪项数据对我们最有用？可能是已经开始动工的新房数量。

毕竟，如果还没开始建房，怎么卖房呢？

房屋开工数即某月内开始动工的房屋数量。9月的房屋开工数即9月将建造的房屋数量。

这里，房屋开工指的是新房真正开始破土动工。这是房屋销售中最重要的经济先行指标。

所以，如果你决定打造你的梦想家园，你的房屋开工日就是施工团队动工的那天。

房屋开工数基于对住宅建筑商的调查，包含在美国人口普

---

① 美国大型家电制造商。——译者注

查局和住房及城市发展部发布的月度报告中。

所以，每月你能看到的房屋开工数据有哪些？

开工数据包括季节调整后的年增长率。

所以，如果你看到房屋开工数为120万套，那么就可推算每年的房屋开工数为120万套——仅在当月活动可代表全年活动的情况下。美国消费者新闻与商业频道、《华尔街日报》或彭博电视台则直接引用或显示120万套这个数字。

另外，还有未经季节调整的年增长率和历史实际数据。该数据报告也展示了不同类型住房的数据。

毕竟，并非所有房屋都是独户家庭居住，即金融人士所说的单户住宅。对吧？

一栋梦想房屋可能只有1个单元，但一栋梦想的复工公寓则有2个单元，一栋梦想的公寓大楼可能有4个、5个或更多个单元。

我们仍然需要计算这些类型住房的开工数据。这些数据在报告中有详细说明。但独户家庭或多单元住房都只算1例开工。

所谓的多房住宅的开工数对美泰克[1]和肯摩尔[2]等家电厂商更为重要，因为可能每户都需要冰箱、洗衣机、烘干机和其他家电。

报告中有重要内容数据——按区域细分，从中可瞥见未来的区域建筑工作需求、区域家电销售、房屋销售和房地产机

---

① 美国知名家电生产商。——译者注
② 美国知名家电生产商。——译者注

遇。这项数据按3个不同的地理区域进行展示：东北、中西部和南部。

我们可以看到，这些地区的房地产相关的大公司股价会随着住房数据的变化而变化。家得宝[①]可能会根据当地住房情况决定其商店地址。塔吉特或沃尔玛也有可能这样做。

此外，股票经纪人也会根据房屋开工数据来购买或售出住宅建筑商的股票。毕竟，如果开工的房屋数减少，未来待售的房屋数也会减少。

政界人士、中央银行职员和政府经济学家也会关注房屋开工数带来的经济影响。毕竟，房屋数增加就预示着经济增长。

2007—2009年经济大衰退的主要原因之一便是房地产泡沫破裂。

由于房地产市场崩溃，住房信贷连年吃紧，美国经济在2009年后增长缓慢。

贷款变得难以获取，可购买的房屋数量减少，房屋开工数也减少。但这种情况之前也发生过。房屋开工数在经济低迷期间经常走弱，之后在货币刺激和经济复苏期间走高。

通过本小节内容，你可发现房屋开工数对整个经济而言常常是重要的先行指标。

但情况不总是这样。大衰退之后，便完全不是这样。事实上，大衰退之后，房屋开工增长率的恢复极其缓慢。这也是2009年后美国经济停滞的部分原因。

---

① 美国家居建材用品零售商。——译者注

此外，2009年年中大衰退结束后，房屋开工数即便在其最高水平仍然持续疲软，通常处于与衰退一致的水平。图6-1中可见这种形势。

但无论房屋开工数上升还是下降，都领先于房屋销售数。也就是说，这两者带动了部分的经济增长。

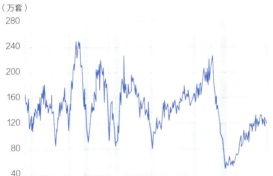

（万套）

注：阴影区域表示美国经济衰退。

图6-1　美国房屋开工数[1]：新建私人住房单元开工数

资料来源：美国人口普查局

28 建筑许可证

人们说，与其做事之前请求许可，不如做完之后再请求其谅解，但我可以告诉你，这句话在一个领域内并不正确：房地产建筑业。

建筑房屋需要许可证。

甚至在你开始打造梦想家园前，你也需要准备一些书面文件，比如建筑许可证。建筑许可证是新房销售以及建筑业对经济增长贡献多少的关键指标。

建筑许可证数量是美国房地产最重要的经济指标。实际上，建筑许可证数量能最早预见到房地产活动的走向。

建筑许可证数量等于其授权开工的私有住宅单元数。

因为建筑许可证仅可由私人住宅申请，所以仅适用于居民住房。

与房屋开工数类似，建筑许可证数据也包括以下3种建筑许可证类别的季节调整后年增长率、未经季节调整的月增长率和历史年增长率：

• 1个单元住房，即单户家庭，美国的大多数建筑许可证属于这一类别

• 2~4个单元住房

• 5个以上单元住房

此外，与其他住房数据一样，该数据也细分为3个区域：

- 东北部

- 中西部

- 南部

鉴于近年来从铁锈地带①到阳光地带②的人口迁移，新建筑许可证的大部分增长存在于南方，未来多年有可能延续这一趋势。

建筑许可证数据与房屋开工数据在同一报告中发布，许可证数量通常高于开工数量。这很正常，并非所有人都使用了他们的许可证，也并非所有经许可的房屋都开工或竣工了。

这就让建筑许可证相较于房屋开工等其他新房销售先行指标更具不确定性。

媒体所报道的建筑许可证是经季节调整后的年增长率。所以你在《华尔街日报》或美国消费者新闻与商业频道看到的建筑许可证数量可能是130万套这类数字。

但这不是一个月的许可证数量，而是基于某月数据表现并考虑季节因素（如天气）得出的年估算数量。

建筑许可证的价值

建筑许可证是最能预测未来的区域建筑工作需求、区域家电销售、房屋销售和房地产机遇的先行指标。

---

① 最初指美国东北部–五大湖附近，传统工业衰退的地区，现泛指工业衰退的地区。——译者注

② 美国南部工业区，有丰富的能源和农业资源。——译者注

建筑许可证数据对某些公司也有重要意义。

建筑许可数量较多，意味着美国霍顿公司将受雇开发新房屋。这也意味着，美国惠好纸业公司将需要准备木材供该地区销售。

这还可能意味着，建筑许可证数量上升地区的住宅建筑商股价会上涨。

这不难懂，对吧？如果南部区域的公司正在建筑房屋，同时建筑许可证数量意外增长，公司的股价就有可能上涨。

虽然木材价格可能随着全国总数据变动，但是，你需要木头才能盖房子！

建筑许可证数与房屋开工数的走势一致时，建筑许可证对市场的影响会最强。如果二者同时走高或者走低，会给市场带来巨大的影响。

哪些因素会带动建筑许可证数上涨呢？经济增长、就业增长和低利率。如果经济形势好，人人有工作，贷款利率低，人们就会建筑新房，这就需要先申请建筑许可证。

建筑许可证预示着商业周期，比如在2007年年末至2009年年中的经济大衰退期间，建筑许可证数量就不高。

但通常来讲，建筑许可证数与经济走势相同，并与利率走势相反。因此，历史上降低利率和经济复苏期间内，建筑许可证数量增加，但利率增加时建筑许可证数量减少。图6-2体现了这种趋势。

但因为并非所有的建筑许可证都转化为房屋开工，更别说转化成房屋销售，所以建筑许可证只是一个预测性数据。因此，建筑许可证有点像是礼物。你需要接受它，但你用它来做什么取决于你。总之，建筑许可证数可能超过经济增长，也可能落后于经济增长，因为被许可建造的房屋未必开工或被销售。

注：阴影区域表示美国经济衰退。

图6-2 美国建筑许可证数量变动情况[2]

资料来源：美国人口普查局

29 新房销售数

普通人对房市的疑问其实都是一个最基本的问题："我的房子能值多少钱？"

住房和建筑活动有许多经济指标，但只有少数报告能预测房屋价值。美国人口普查局发布的新房销售量报告是能预测房屋价值的最重要报告之一。

如果你想知道买套新房需要多少钱，以及全国和各地区有多少新房待售，那这份报告很适合你。

新房销售量数据对整个经济也非常重要，因为新建房屋是国内生产总值增长的一部分，新建房屋数量增加意味着国内生产总值也会增加。

根据全美住宅建筑商协会的数据，住宅投资平均占国内生产总值的3%~5%。

对住宅的投资包括新建单户和多户家庭建筑、改建住宅、房屋制造和房产经纪费。

所以如果新房销售量增加，国内生产总值也有可能增加，而新房销售疲软也会拖累国内生产总值。

此外，除了上文的3%~5%，新房销售还会带动新家电销售、新家具采购以及其他居家设备的销量。所以每套新房销售都有巨大的经济影响。

这就是新房销售月度报告备受关注的原因。

该报告由美国人口普查局和美国住房和城市发展部联合发布，其中仅关注单户家庭的住房销售，不包括新公寓、联排别墅或其他多户家庭住宅。

新房销售数据常以季节调整后年增长率报道。所以如果你下一年4月看到美国消费者新闻与商业频道报道的数据为70万套，并不意味着4月售出了70万套新房。如果一个月能售出70万套新房，就太不可思议了！

年增长率是基于4月售房水平得出的预计年售房数量。这比每个月的数据乘以12要复杂得多。季节调整后年增长率的趋势见图6-3。

当然，这份报告也包括每月实际售出的新房数量。

（万套）

注：阴影区域表示美国经济衰退。

图6-3　美国经季节调整后的新房销售量[3]

资料来源：美国人口普查局

这属于未调节数据，可能具有误导性，因为季节变化及其他季节性因素实际上可对新房销售造成很大影响。比如为了孩子能在秋季进入新学校，春夏季房屋需求会上涨。

新房销售报告也包括待售新房的月度供应数。大量的新房供应会拉低价格，但新房供应紧俏会促进价格上涨。供需关系这一经济事实也适用于房市！

谈到价格，新房销售报告也包括已售新房价格的平均值和中位值、价格变动幅度和新房销售价格的百分比分布。将这些数据汇总便会得到新房价格的钟形曲线：一些价格很高，一些价格很低，但多数价格分布在中间。

重要的是，虽然大多数人将通货膨胀定义为"不用搬家就能住在更贵的房子里"，但是新房价格的上涨并未反映在通货膨胀中。但房价对人们的财富非常重要！

当然，房价对利率非常敏感。毕竟，多数房子的成交不是靠现金，而是靠抵押贷款的资助。利率越高，房贷月供用于支付贷款利率的部分就越多，用于偿还房子本身的部分就越少。

我父母在20世纪70年代购入第一套房子时，房子标价较低，约5.2万美元，但利率却高达12%。

相比之下，我在2013年买房时，虽然利率低于4%，但房子的标价是我爸妈房子价格的许多倍（房子面积差不多）。

如你所见，这就是贷款利率与房价之间的平衡。

对于新房和现房的买家而言，一般来说低利率会推高房价，因为人们可以买入更多的房子，而高利率会拉低房价，因为人们不得不更少买房。

　　新房销售价格报告分为全国水平和4个人口普查区域的房价中位值和平均值。图6-4展示的是全国房价中位值。

　　图中有个特殊情况，房价在大衰退后期大幅下跌，此后又上升，尤其在美联储第三轮量化宽松计划和中央银行资产负债表扩张后大幅上升。

　　新房销售报告对个人也有价值。总之，如果你想买新房，先看看新房销售报告。建议关注房价平均值和中位值，以及这些地区的待售房屋数量和库存房屋数量。

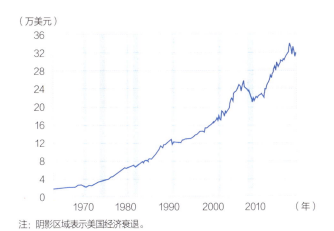

注：阴影区域表示美国经济衰退。

图6-4　美国新房销售价格中位值[4]

资料来源：美国人口普查局

30 现房销售数

你是否好奇过，为什么人们不把现房称为"旧房"或"老房"，却有"旧衣服"和"二手车"的说法？

措辞可能不一样，但旧衣服、二手车和现房都有一个共同点：对国内生产总值没有积极贡献。

只有新东西才算国内生产总值。

但现房销售数量远超过美国的新房销售水平。

也就是说，即使新房销售对国内生产总值很重要，但最能衡量房价的是现房月度销售报告中的数据。该报告中甚至还包括了区域层面的数据。

美国房地产经纪人协会每月会发布各区域的现房销售数量、可供出售的房屋存量和房屋销售价格。

美国房地产经纪人协会官网每月会发布以上相关数据的报告，网址如下：https://www.nar.realtor/research-and-statistics

现房销售数据还包括库存系数。库存系数是可供销售的房屋数量除以当前销售数量。

所以，如果当前实际月销售数量是40万套，可供销售的房屋数量是200万套，则当月库存系数为5。

库存房屋数200万套除以当月售房数40万套就得到了5。

如果未来5个月可供销售的房屋数量不增加，存量就会售光，再无可供销售的现房，存量数据将为0。

当然，这种情况不会发生，但如果库存数据不高，则说明房市紧俏，会推高房价。

房价

现房价格受几个关键因素影响。

首先，近期的现房价格会影响当前房价。所以人们很关心他们邻居的房子卖了多少钱。因为这会影响你家房子的价格。现房销售报告中有全国性和区域性的现房销售价格。

其次，便是我们刚刚讨论过的现房存量。市场上有多少房子？如果很多，则不会促进房价上涨。如果市场紧俏则会让房价保持在较高水平。

最后，房价对利率非常敏感，因为多数人无法直接用现金购房，而是靠贷款。利率对现房房价的影响与对新房房价的影响一致。

利率较低，现房价格会更高（因为人们能买入更多的房子），利率较高则会拉低现房价格（因为人们不得不买房更少）。

现房价格走高会让房屋业主加富裕，同时可以让房主有机会申请房屋净值信贷额度（该贷款的还款条件更为宽松），美国消费者新闻与商业频道的众多分析师常常把2005年左右的情况称作"人们用房子当自动取款机"。

后续用房屋净值贷款额度申请的金钱进行消费，也会刺激经济增长。但现房的实际销售并不像新房销售那样计入国内生产总值。

现房销售数据与新房销售数据的时间组成也不同。

因为新房销售的时间即新房购入的时间。如果该新房购买于1月完成，则该数据属于1月的新房销售报告。

但现房销售的交割则需要一堆复杂文书来转移财产所有权。

完成现房交割的全部文件可能需要30天、45天甚至60天。

也就是说，1月现房销售报告反应1月的现房成交数量，但其中不仅包括了在1月交割的现房数据，还可能包括了在去年12月或11月甚至更早时期就签好合同但直到1月才成交的现房。现房销售报告的时间以交割时间为准。

你认不认识已经买了房的人？

问问他们的房产交割花了多长时间，有可能不止一个月。他们可能把这一过程称为疯狂的冲刺。

这就是现房销售滞后于新房销售的原因。

31 待成交房屋销售指数

没人喜欢等待。生活中最烦人的等待之一便是房屋交割。

这个过程让人抓狂。你需要整理并检查文书工作，厘清你的财务状况，还有其他一大堆闲杂事宜。

买主和卖主对此都不满意。每个人都需要忙前忙后，在最后1分钟前把一切都整理好。

此外，无论你是在出售现房迫不及待想变现，还是在买入现房然后迫不及待想入住，你将仍需等待30天、45天甚至更久才能通过交割这一流程来实际执行合同。

这一流程也会让房屋销售数据混乱不堪。新房销售数据记录于新房购入之时，但现房销售数据仅在交割完成后录入，即便销售协议早在几个月前就已达成。

为解决数据混乱的问题，并且让现房销售活动更加透明，美国房地产经纪人协会创建了一个经济指标来反映待成交房屋的水平。

这就让实际的销售情况更加明了，而销售活动会影响房价以及房屋销售的前景。

美国房地产经纪人协会每月发布待成交房屋销售指数，旨在成为现房销售活动的先行指标。

该指数衡量了已签署协议的单户住宅现房、公寓和合作公寓的住房合同活动。只要是住宅，就被包括在内。

待成交房屋销售指数反映了买卖双方渴望交易完成并签署合同的紧张时期。

这些交割合同可以涵盖许多内容。我买房时在合同里写道：我要草坪上的两只粉色火烈鸟。

我得到了火烈鸟还有房子。但我需要等待交割。

待成交房屋销售指数与其他住房数据非常不同。

首先，这是个指数，而不是每年销售合同的数量，同时也没有任何价格或存量信息。

鉴于该指数不包括价格，待成交房屋销售指数的最大价值在于衡量住房合同活动随时间变化的趋势。如果待成交房屋销售指数下滑严重，则现房销售数据也会下滑。没有合同，你卖不出房子。销售下滑也会拖垮房价。

你可以在美国房地产经纪人协会官网找到这份报告。

待成交房屋销售指数的历史趋势是什么？待售房屋销售上升，有利于房价。待售房屋销售下降，则拉低房价。

对个人而言，这会影响你买房、卖房或者挂牌的决策。

32 抵押贷款申请

熟悉抵押贷款数据有助于了解房屋销售的进度，以及不同抵押贷款利率的水平。

知识就是力量，申请贷款前了解抵押贷款利率的成本能给你有用的杠杆，可以帮你省下几万美元，同时还能帮助你避免多付利息。

我认识一位教授，他说抵押贷款让人变成了中世纪农奴，脖子上挂了一块石头。但至今为止，这就是大多数房子的资金来源，因为大部分人都没钱全款买房。

抵押贷款告诉我们市场上除了卖方，还有买方。就美国住房数据而言，一些分析师关注需要提交的建筑许可证、需要动工的房屋数，以及签订合同后成为待成交销售的房屋。这些涉及的是房市中的卖方。但房子售出或者签订合同之前，需要有适合的买方。

鉴于大多数人无法用现金全款买房，买方需要申请抵押贷款，因此，抵押贷款申请成了房屋销售的关键先行指标，并对总体经济很重要。

抵押贷款银行家协会会发布每周抵押贷款申请调查结果，其涉及一系列活动。该指标简称为抵押贷款银行家协会抵押贷款申请。

　　该指标可能因名字①遭到误解。这一数据不是指拥有工商管理硕士学位的人群中正在申请或发行贷款的人数。这个数据由抵押贷款银行家组成的行业集团——抵押贷款银行家协会发布。

　　这个指标很重要，因为如果人们没有申请抵押贷款，他们就没打算买房。但如果人们在申请贷款，就可能买入更多的房子。

　　这一指标展示了抵押贷款活动逐周百分比变化。该报告每周发布一次，很长一段时间以来都很重要。如果该指标每周下滑，则说明趋势恶化。如果该指数逐周上升，就会带来趋势好转。

　　该指标涵盖的数据占美国全部零售住房贷款申请的75%，因此可让你对抵押贷款活动和利率有相当充分的了解。

　　但贷款不止一种。每周数据还按一些大类对抵押贷款活动进行了细分。这包括新购房贷款，比如我在2013年买房时的贷款。我的贷款是30年期，年利率4%。

　　也有再融资抵押贷款。该贷款于利率下跌时较为常见。2015年我进行了再融资贷款，因为利率从4%降到了3%。进行抵押贷款再融资是有结算成本的，但1个百分点的变化对我来说很值。

　　此外，还有可调利率抵押贷款。这种抵押贷款的利率会随贷款期限变化，而且相当复杂。这些贷款也是2007—2009年全

---

① 原文缩写为MBA，与工商管理硕士（MBA）同名。——译者注

球金融危机的来源之一。

此外，还有按抵押贷款类型细分的利率平均值。所以，无论你对哪种贷款感兴趣，抵押贷款银行家协会的报告中应该都有该贷款的当前利率均值。

33 建筑支出

你有没有听过20世纪80年代的那句歌词"我们用摇滚音乐建造了这座城市"（We Built This City on Rock and Roll）？

好吧，如果建筑支出跟摇滚有关，那它可能也不会成为重要的经济指标。

但事实证明，建筑支出对美国经济增长非常重要。

此外，建筑支出对建筑材料也很重要，还会影响铜料（用于电线和管道），塑料管（用于管道）、钢（用于大型建筑物）和木材（用于独户住房、公寓和联排别墅）的需求和价格。

因为建筑支出对整体经济增长和一系列大宗商品市场非常重要，所以它对于特定的公司和行业以及宏观经济政策等而言是重要数据。

经济学家、投资者和交易员都对建筑销售数据非常感兴趣。他们期待的数据是已落实的建筑价值月环比百分数变化。这包括每个月落实的各种建筑支出。

从新卫生间到木材，再到项目管理及项目设计都被计入建筑支出。此外建筑支出还包括建筑和工程成本、管理费用、利息和税金以及承包商利润。

该数据属于美国人口普查局发布的建筑支出月度报告。

该月度报告也将这些支出按私人住宅和非住宅建筑、公共住宅和非住宅建筑进行了详细分类。一些分类真的非常详细!

·体育馆:在报告中被列为非公共、非住宅型娱乐休闲类健身建筑

·高速公路服务区:在报告中被列为公共非住宅型交通类服务站建筑

该报告是各行业年度建筑支出的细分。所以如果你想了解制造业、住宿业、购物商场或者药店的建筑支出情况,这份报告就派得上用场。

此外,新的设备也需要更多人来使用。这意味着,如果你用朝钱看的角度来分析制造业,通过这份报告也会了解到哪些行业将增员或者裁员。

如果你从事各个行业研究或咨询工作,则要有能力明确一些经济领域(如房地产、教育或者电力等)的活动和前景,此时,建筑支出报告就派得上用场,因为它展示了这些领域的建筑活动及投资水平。此外,建筑行业的总体趋势也会产生宏观的经济影响,从而影响政府支出和利率。

政府建筑支出在经济放缓时趋向于保持不变或上升,私人建筑支出往往在利率上升时增加,在利率下降时减缓。大部分大笔支出和房地产也是这样,建筑支出与利率呈相反关系。

20世纪80年代的利率比现在高得多。或许是因为这样,人们才要摇滚建筑城市。当时的利率可能太高了,因此无法给钢铁、水泥、木材和铜提供资金。

如果你在电力、商业地产或医疗健康行业有投资,了解这些行业的建筑活动有助于你对这些投资进行判断。

第七章

国内生产总值增长数据

34 国内生产总值概述

如果人们都用同一种方式来衡量经济增长，不是很好吗？幸运的是，的确有！

人们一般说经济的实际增长率时，基本都是在说国内生产总值。

人们提到"美国经济去年增长了2%"或"德国经济上季度增长了3%"，指的都是国内生产总值。国内生产总值包括一国境内新增的全部生产活动，即生产的全部新商品及服务。

国内生产总值包括4类主要增长活动：

• 消费——人们的购买活动

• 商业投资——公司为增长而进行的支出

• 净出口——贸易差值（出口减去进口），可能是负值

• 政府支出——政府的支出

要知道，任何经济体的国内生产总值都包括这4个部分。

国内生产总值包括一个经济体中新产出的全部内容：新车、新建筑、新学校、新投资和新政府支出。

在美国，经济分析局负责汇总国内所有的增长数据，并按季度发布报告。

国内生产总值报告中最需要关注的数据是实际国内生产总值年增长率的季环比数据。

这听起来有点拗口，是的。但这是媒体中常引用的国内生产总值增长率。

通常报道是这样的。"国内生产总值一季度增长3.1%"或"国内生产总值下降1.5%"。

这省去了所有棘手的细节，直接告诉你根据本季度国内生产总值水平得出的年增长率与上季度国内生产总值年增长率的差值。

关于媒体报道中的季环比增长率，还需了解两点。这是经季节调整后的增长率，剔除了节假日零售或暑假等季节性因素，同时也剔除了通货膨胀因素，所以被称为实际国内生产总值。

如你所见，经济增长可以按现行价格衡量，也可剔除通货膨胀因素按实际价格衡量。

实际国内生产总值不含通货膨胀，反映了经济的实际增长。这是人们想知道的数据：他们想知道剔除通货膨胀因素后的经济情况。因为物价通常在涨，含有通货膨胀的国内生产总值数据可能有欺骗性。

当然，也有方法可以衡量加上通货膨胀后的国内生产总值。这被称为名义国内生产总值，体现了以现行美元价值计算的增长水平。

如果经济增长了5%，但包括2%的通货膨胀，名义国内生产总值则增长了5%。但实际国内生产总值不含通货膨胀因素，即增长了3%。5%的名义国内生产总值增长减去2%的通货膨胀为3%的实际国内生产总值增长。

在媒体报道中，你几乎看不到名义国内生产总值。

国内生产总值是重要的经济指标，但美国国内生产总值报告存在几个严重缺陷。

美国每季度发布一次国内生产总值报告，多数经济体也是如此。这意味着，该数据时效性不强，所以其他时效性更强的报告非常重要。此外，该报告会被多次修订。所以无论报告公布的增长率是多少，之后总是会被修订。这就给计划和政策制定增加了难度。

每个季度的报告实际会发布3次，第三次报告几乎是在该季度结束后3个月才发布。

所以一季度（1—3月）的报告将首先于4月底发布先行报告，再于5月底发布初步报告，最后于6月底发布最终报告。

这意味着，你知道1月的最终增长情况时，一年都快过半了。

哎呀呀！

此外，最终数字也非常可能在未来被再次修订！

总结一下，这份超级重要的美国增长报告会经多次修订，而且在你看到报告的时候，它也过时了（仅从经济角度来说）。所以我们需要其他更加及时的经济数据。

我会在第36—39小节谈论国内生产总值最重要的部分和属性。

35 国内生产总值与国民生产总值

我们生活在全球这个大经济体中，但无论是讨论英国、墨西哥还是俄罗斯的经济情况，经济学家们都用同一个指标来衡量世界各国的经济增长：国内生产总值。

但是，比较全球经济中不同经济体的增长情况也很重要。

如今，人们谈到增长时常用国内生产总值来衡量。

但不久前，人们常用国民生产总值来衡量增长。有些人现在还使用这个数据。我们有必要了解国内生产总值和国民生产总值的差值，以及为何国内生产总值能更好地衡量经济增长。

如你所见，国民生产总值指的是某国本土企业（该企业可能在国外开展业务）的经济增长，但不包括在该国的外资公司的经济增长。

所以，美国制造的丰田（日本企业）车不算美国的国民生产总值，欧洲生产的福特（美国企业）车属于美国的国民生产总值。

相对国内生产总值而言，美国制造的丰田车被计入美国的国内生产总值，不计入日本的国内生产总值。相反，欧洲生产的福特车属于欧洲的国内生产总值，不属于美国的国内生产总值。

但大部分人想知道所在地区的经济增长情况，他们关注工作机会，并不关注全球公司的利润协调。所以他们不应该关注公司的主人是谁。工人、政策制定者和分析师也是这么想的。

在美国，国内生产总值报告由经济分析局制作，该报告也包含了几行国民生产总值数据。

国民生产总值数据被列为附录，属于报告中的附加内容。国民生产总值本质上是不怎么被关注的补充内容。

当然，媒体报告或金融人士现在已经不关注国内生产总值了。但你偶尔会碰到专家或学者谈论国民生产总值。

作为参考，图7-1展示了美国国内生产总值和国民生产总值的同比变动的差异。

总之，虽然国民生产总值可能很大，但人们都不注意也不关心。国民生产总值已经没意义了。简言之，这项数据不会影响金融市场。

所以，如果你碰到有人谈论国民生产总值，千万别被弄懵了，一定要将国民生产总值从你的字典中移出去。国内生产总值才会受到关注被人谈论，在哪个国家都是如此！

注：阴影区域表示美国经济衰退。

　　　国民生产总值　　　国内生产总值

图7-1　美国国内生产总值和国民生产总值[1]同比变动

资料来源：美国经济分析局

36 国内生产总值——消费

你有没有听过人们抱怨，美国是个消费社会？没错，这是真的。如果我们美国人不消费，我们的经济增长可能会相当难看。

要知道，美国经济增长的70%来自商品和服务消费。因此，消费是美国国内生产总值中最重要的部分。

我们停止消费，对国内生产总值可算是灾难！

美国国内生产总值报告中将消费按不同种类的商品和服务进行了细分。

报告中将70%的经济增长归为个人消费支出。个人消费的两个主要分类，就是商品和服务。

就商品而言，有两种类型的商品非常重要：耐用品和非耐用品。

耐用品是在理想状态下可以使用3年以上的产品，而且在使用时不会被消耗。比如汽车、洗衣机或者冰箱等，都是耐用品。

非耐用品使用期限短，通常会在使用时被消耗，如食品、汽油和衣物等。当然，我有些衣服的确穿了不止3年，但我的妻子不会让我穿那些衣服出去见人。

商品仅占个人消费总支出的1/3多一点，而服务占了近2/3。服务包括医疗、娱乐、食品服务、金融服务和一系列其他服务。

无论你是在做足部护理还是雇用我的公司分析你的业务，这都属于服务。

因为消费占美国经济的大头，所以美国经济最大的风险在于消费者是否受到重大冲击，比如2007—2009年大衰退期间的情况。

因为消费支出非常重要，所以消费支出大幅减少时，实际国内生产总值会大幅下降。

消费体现在经济的哪些方面？

如果消费良好，人们有工作而且消费信心高涨，美国的国内生产总值就可能为正值。消费通常为正值，如图7-2所示。

这就是服务型经济的优点之一。正因如此，劳动力市场疲软或消费者信心低迷会拖累大部分国内生产总值，而且对经济增长而言也是坏消息。

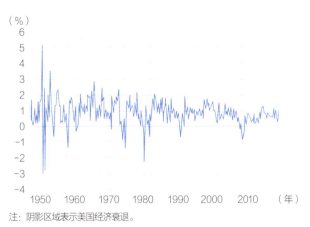

注：阴影区域表示美国经济衰退。

图7-2 美国实际个人消费支出[2]

资料来源：美国经济分析局

37 国内生产总值——投资

你很可能已经做过投资了，退休金账户、房屋产权、教育都属于投资。而且你只在认为有回报的时候才会投资。

公司买进设备（如叉车）或者建造新仓库也是在投资。

如今，你在金融市场的投资不被计入国内生产总值，但企业投资会计入国内生产总值！企业投资包括购买商业办公室、设备和知识产权产品，如软件和研发。

企业投资仅占国内生产总值的15%～20%，但对整个经济增长而言是决定性因素，因为它可能会暴跌，也可能随商业信心提高而激增。而且企业投资是国内生产总值的4个关键部分之一，正式名称为国内私人投资总额[3]。这个类别包括3个部分：企业投资、住宅投资和库存。

提醒一下，抛开库存仅谈论企业投资和建筑投资时，可以合称为固定资产投资。房子、设备和仓库都是固定资产。

但库存可能会频繁变化，比如商店在黑色星期五和假日购物前囤货，然后在新年前清空存货。

此外，企业投资经常出现大幅且迅速的变动。

那么，企业投资的驱动因素有哪些，为什么企业投资的变动幅度大于消费数据？

原因是，企业投资变动大是因为其决策者更少，但投资金额更多。

美国经济有3亿参与者，大多数人一直在消费。但企业投资中，战略决策经常会立即导致大量的投资回撤。

如果一个建筑公司的首席执行官看到利率上涨，他可能会点点鼠标撤回几百万美元的投资。

对比之下，3亿人会继续消费，除非他们失业。

可以这样想，如果你负责公司的企业投资，比如购入电脑或装修新办公室，但失业率在上升或利润空间在下降，你不想第一个冒险投资。毕竟，这可能会导致你的职业生涯终结然后被解聘。这种情况下，即便是首席执行官也会被董事会解聘。

你一定不想在做出重大投资建议后，看到公司因为你的投资亏钱。

因为公司如果因此裁员，你可能是第一个被辞退的。

如果10家最大上市公司的首席执行官决定减少投资，则会对国内生产总值的商业投资造成巨大的负面影响。同时经济可能放缓或陷入衰退，此时的国内生产总值为负值。

企业投资，经济才会发展。但企业需要确定消费行为会继续存在。

企业总裁和股东喜欢用这个说法——"低垂的果实"。比如一棵苹果树，果子低垂，你可以轻而易举摘到它。

经济增长缓慢时（衰退后常出现这种情况），企业想要投资成本不高的业务。这就很简单，这些公司就是唾手可得的"低垂果实"。

在商业周期的衰退期，多数情况都不算好，而企业投资仍然会停滞不前。

但随着经济增长，消费者重燃信心并增加消费，企业便愿意进行更多投资。

企业买了梯凳，以便摘到多一点的果实，之后买梯子，接下来的事你就知道了，他们用镀金镶钻的樱桃采摘器摘到了树顶的最后一颗苹果。经济也在剧烈变动。

当然，我不是真的在说水果，我说的是企业做出的增量投资决策。形势不好的时候，他们就抑制投资。形势好的时候，就花更多钱来生钱。

你的公司怎么看待投资呢？

是否在寻找"低垂的果实"，或者已经准备好购买镀金镶钻的樱桃采摘器了呢？

38 国内生产总值——净出口

貌易是各国的重要经济活动，而且会影响国家的经济增长。

俄罗斯出口石油，德国出口奔驰车，或者美国进口产自法国的葡萄酒，这都属于贸易。

讨论经济增长时需要考虑贸易，因为国内生产总值是仅在一国境内生产的新商品和服务带来的经济增长。但鉴于各国都有进出口，所以有必要弄清楚出口的净额。

净出口=出口-进口。

净出口可能为正值，此时出口大于进口。

净出口也可能是负值，此时进口大于出口。

正值即出口大于进口，而且净出口正值对国内生产总值有积极贡献。相反，负值是出口小于进口，这种情况有损于国内生产总值。

法国会将其出口至美国的葡萄酒计入法国国内生产总值中。这增加了法国的净出口。

但美国计算国内生产总值时，将扣去这些在美国销售的葡萄酒。毕竟葡萄酒只属于其产地的国内生产总值。

贸易中的进出口变动可能非常大。

事实上，贸易在任何季度内都会增加或降低至少1.5%。

如果经济增长预计为3%，但净出口为负值，所以净进口可能将国内生产总值拉低1.5%，则国内生产总值增长仅为1.5%。

货币价值也会对进出口产生影响，所以美元或欧元的价值也对国内生产总值增长很重要。

如果美元疲软，美国人需要花更多钱来买海外制造的商品，因为商品进口所需的美元多了。

比如，之前法国葡萄酒的价格是10美元，但如果欧元涨了20%，则酒价则为12美元。葡萄酒涨了2美元可能不算什么。

但对于5万美元的德国奔驰轿车来说，欧元增值20%，车价则为6万美元。这可是增加了1万美元！

价格上涨后，买的人就少了，因为奔驰车和葡萄酒都要花更多钱才能买到。所以说美元疲软会导致进口减少。

这种货币影响也有另外一面，美元疲弱会让美国的出口商品更加便宜，所以美国的出口（如卡特彼勒的设备）可能会增加，因为其他国家的人购买这些设备所需的金钱会减少。

总结一下，美元贬值，进口减少，出口增加。

净出口由此增长，有利于国内生产总值。

相反，如果美元强劲，我可以花更少的钱买到产自法国的葡萄酒，这会使进口增加。同时波音飞机在海外的售价更高，出口减少。

这种情况下，强劲的美元实际上会减少美国制造的产品数量，美国出口下降，进口增加。

总结一下：美元升值，进口增加，出口减少。

人们说美元强劲是好事，但对净出口而言并不是。

净出口减少会拉低国内生产总值。

不管是美元、欧元、英镑还是俄罗斯卢布，货币和贸易动态的关系都是如此。

除货币外，大宗商品，尤其是汽油和柴油等石油及原油产品的进出口也会影响贸易。

有时候，季节性需求激增可能影响进口，比如夏季自驾度假对石油的需求以及冬季对供暖油的需求。甚至飓风也会扰乱贸易流通并影响增长率。

贸易平衡差额和贸易赤字

贸易差额是出口和进口的差值。

出口超过进口时，贸易对国内生产总值有积极影响，这称为贸易盈余。相反，进口超过出口时，贸易对国内生产总值造成不利影响，这称为贸易赤字。

关于美国净出口，有一点至关重要：净出口通常为负值，美国常有贸易赤字，如图7-3所示。

这种赤字会削弱整体的经济增长，但许多发达国家的贸易都有赤字，这也是发达国家的特点。

最后，要知道一国的净出口不仅指实体商品的进出口，也可以指服务的进出口。尽管美国贸易中，服务的贸易额远小于商品。

服务出口通常对美国贸易差额有积极影响，但商品出口对贸易差额的负面影响更大。这意味着，尽管美国的贸易差额通常有赤字，但其服务净出口阻止了这一差额进一步扩大。

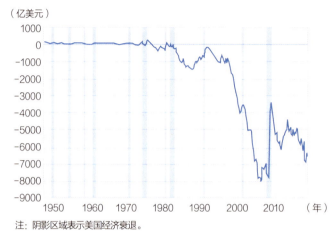

（亿美元）

注: 阴影区域表示美国经济衰退。

图7-3　美国贸易赤字[4]: 商品和服务净出口

资料来源: 美国经济分析局

你的公司有参与商品和服务的出口吗?

货币波动是否曾影响你的贸易业务?

39 国内生产总值——政府支出

政府支出用的是税款——有时候是赤字开支，也就是政府花它没有的钱，并通过发行债务来借钱。

无论政府靠税款还是债务来支出，支出的钱都被计入经济增长并作为国内生产总值的一部分。

国内生产总值通过衡量4个部分来衡量经济增长，政府支出是其中之一。

政府开支细分为2类。

首先，有联邦（即国家层面的支出和投资）国防和非国防支出。比如购买航空母舰，以及高速公路等基础建设上的支出。

其次，有州和地方的支出和投资，通常包括学校、基础设施和其他支出。

在美国，这2类政府支出都对国内生产总值有积极贡献。这些政府支出总计占国内生产总值的15%～20%。

当然，各国政府支出对国内生产总值的贡献值有很大不同。但这个贡献值通常意义非凡。

因为政界人士很在乎国内生产总值，所以他们有可能会通过财政赤字来提高政府的支出水平，从而让国内生产总值增加。

但有个问题。现在的赤字需要在未来偿还，所以任何由债务提振的国内生产总值会被未来国内生产总值增长的下降所抵消。

换句话说，政府用现在没有的钱来支出，就像你用信用卡提现金，然后声称取出的现金是你的收入。

这不是收入。你未来还需要偿还这些钱。政府的财政赤字也需要偿还。偿还的唯一方式就是多收税，但这又会拖慢经济增长。

增加美国国债，还会产生一系列重要的市场影响。实际上，增加美国国债会对美元产生不利影响，推高黄金和贵重金属的价格（因为这些以美元计价）并推高利率。

大多数经济学家一致认同，债务增加会重挫一个经济体的长期增长潜力，因为未来需要加重税收，而且存在因高水平债务导致利率上升的风险。同时，美国医疗保险、医疗补助以及社会保障等福利计划最有可能导致国债增加。

总结一下，政府支出是国内生产总值的四大部分之一。政府有超额支出的动机，即导致财政赤字。但这种行为会导致债务增加，并挫败长期的增长潜力。

在美国，福利计划（医疗保险、医疗补助和社会保障）是经济增长的重要威胁因素。第55小节将对此进行更实质性的讨论。

第八章

货币政策

40 货币政策概览

孩子有时候会问他们是从哪来的，但他们肯定不会问你："利率是从哪来的？"

但这个问题很重要。不是对孩子很重要，而是对你很重要。

一部分利率由美国中央银行制定，比如美联储。

美联储根据什么制定利率？

没错，你猜对了——经济指标和报告。

本章中，我们将讨论影响中央银行制定利率的数据，这些利率会影响每个人以及金融市场。

中央银行执行的政策会影响各种利率，从短期储蓄账户利率到30年期抵押贷款利率。

你可能背负着抵押贷款、车贷或者学生贷款。利率升高会让这些贷款更高。此外，一些贷款（如可调利率抵押贷款）会根据利率的变化进行调整。

这很重要，因为贷款的利率越高，意味着你的还款中为房子支付的部分减少，而支付利息的部分增加。

这也会影响有信贷额度的企业。利率上升时，企业要付更多的利息。如果企业需要支付更多利息，可能会决定减少招聘人数，或者可能需要裁员。因为利率上升时，企业和个人支付的利息增加，所以利率上升也会拉低股价。

利率降低时，企业和个人有更多的钱用于消费，意味着低利率可以让股价升高。

比如说，你经营一家搬家公司，需要贷款购买更多的运货卡车。如果利率上升，你就会决定少买几辆卡车。

现在，我知道你在想什么：经济指标与利率怎样配合？为什么你的抵押贷款会增加？为什么你的企业贷款会更高？

鉴于中央银行的决策会让你欢喜让你忧，你需要了解中央银行做出决策所关注的数据。这可能帮助你提前了解央行的下一步行动。

好消息是，中央银行真正优先关注的只有2项：通货膨胀率（即物价上涨水平）和失业率（求职者无业情况）。

商业媒体把美联储的这2个目标称为双重使命。你可能在彭博电视台或美国消费者新闻与商业频道上听过这个，现在你知道了，双重使命是平衡这两个首要目标——通货膨胀率和失业率。

对美联储而言，这两个首要目标几乎同等重要。对其他央行而言，这两项的重要性不一样。比如对欧洲央行而言，通货膨胀比失业重要。

但无论这两者谁更重要，各央行都在关注通货膨胀和就业的经济指标。

它们的目标是让企业投资维持在较低的稳定水平，并让企业投资和投资者收益可预测，同时保持尽可能多的人有工作。

这个平衡很难维持，因为通货膨胀率上升时，就业市场紧缩。

你不希望看到一个经济体没有通货膨胀率但有10%的失业率，你也不希望它有10%的通货膨胀率和2%的失业率。

通货膨胀率和失业率需要被平衡，美国的目标是2%的通货膨胀率和4%左右的失业率。

如你所见，利率和通货膨胀率非常重要。中央银行对这两者的观点非常关键。

幸运的是，美联储和其他银行也会对未来的通货膨胀率、失业率和利率进行预测。

你可在美联储网站查看相关数据。

41 美联储决策

如果你在周二考虑贷款买车，但周三利率上涨了，这对你而言是个坏消息。

你周三买车时的贷款月供会比周二买车更高。实际上，你花了更多钱，买到的还是那辆车。

公司也会面临这种情况。如果公司打算购入设备但利率上涨，公司的月供也会增加，他们甚至会决定推迟进行有助于业务增长和创造就业的重要采购。

你知道哪些因素会让利率在一天内上涨吗？

答案是：某经济体的央行宣布提高利率。对美国而言，就是美联储宣布将提高利率。

美联储会做出一系列重要决策，包括其主要政策利率（又称联邦基金利率），这经常会影响经济增长和通货膨胀率，以及股票市场、美元和债券价格。

美联储每年通过美联储会议做出8次决策。至2018年，有4次美联储会议涉及了对经济增长、通货膨胀率和失业率的季度预测，甚至预测了美联储的未来利率。

总之，美联储的所有决策都很重要，因为它们会影响利率。

但那些发布预测数据的美联储会议，往往更加重要。

毕竟，美联储成员借此预测各自可能对利率政策采取的措施。

本项数据收集自美联储的实际成员，他们的预测是美联储发布的最重要的预测，即点阵图。

你可能听过"点阵"，这是统计学用来描述图表数据的术语。但在金融、市场和利率世界中，只有一个点阵图很重要。

那就是美联储预测包含的点阵图。这个图反映了美联储成员对未来联邦基金利率的期望。

美国消费者新闻与商业频道和彭博新闻社试图确定哪个人对应哪个点，尤其是那些比其他数据高或低很多的异常点。

老实说，一些经济学家经常对这个点阵图抓狂——这些有什么含义，谁对应哪个点，预测的总体分布情况怎么样。

这些点阵图和美联储发布的其他预测——包括对国内生产总值、失业和通货膨胀的预测都很重要，因为它们都会影响投资。如果美联储发现通货膨胀率增加并打算提高利率，则美元通常会升值，同时股价可能会下跌。

除了对金融市场的影响外，美联储预测数据的重要性还体现在其对就业市场和经济的影响。这些预测数据可能对你未来的职业机会有重要意义。你是否知道美联储现在对失业率和经济的期望？

不公布预测数据的美联储会议也很重要，但其发布预测数据对就业市场的影响更大。交易员、投资者和公司战略师都会密切关注美联储在决策过程中发表的声明。无论这些声明中有没有点阵图。

42 美联储预测和点阵图

如我在另一本著作《机器人与自动化年鉴》（*The Robot and Automation Almanac*）中所述的，世界上不是只有定量数据集。实际上，定性数据甚至更重要——尤其是在你正在使用的定量数据并不是那么可靠（比如政府数据可能会有严重延误或修订）的情况下。

要知道，不应粗浅地将定量数据当作全部内容。对分析时使用的数据进行某些程度的测试和采样也很重要。

本质上，这是必须对数据进行的"稽查"或"尽职调查"。有时，这也可以通过对数据集进行测试和采样来完成。

但其中很大一部分工作包括亲自到场并核对事实。如果是公司数据，你应该增加对采集过程的了解，并亲自查看部分内容。

2004年，我在瓦乔维亚银行任经济学家，这家银行在金融危机期间被富国银行收购了。一年内，我在费城联储发表演讲，图8-1是当时的照片。

图8-1 杰森·辛克在费城联储
发表演讲[1]

我成为经济学家的时候，

美联储的新闻稿很短。图8-2就是当时的消息。当时还没有标志性的美联储会议。2004年，每季度召开美联储会议时也没有新闻发布会，季度会议举行新闻发布会在本·伯南克（Ben S. Bernanke）任美联储主席时才成为例常。

非季度召开的美联储会议也没有新闻发布会。直到现任美联储主席杰罗姆·鲍威尔（Jerome H. Powell）宣布，每次美联储会议后都需召开新闻发布会。

2004年，美联储也不公布成员预测，即所谓的点阵图，通过视觉分布反映了美联储的联邦公开市场委员会成员对联邦基

美联储公告

发布时间：2004年1月28日

联邦公开市场委员会于今日决定将维持联邦基金利率为1%的目标。

委员会认为，货币政策保持高度宽松的立场以及生产力强劲的增长潜力，正在持续为经济活动提供重要支持。不同时期收集的证据证明了经济产出正在迅速扩大。尽管新增就业人数减少，但其他指标表明了就业市场的好转。核心消费者物价增幅不大，预计将保持低位。

委员会认为，实现可持续发展的上行和下行风险在接下来几个季度中将大致相当。最近几个月，通货膨胀意外下滑的可能性在下降，现在几乎等于其上升的可能性。鉴于通货膨胀水平相对较低而且资源使用不足，委员会认为可以在取消高度宽松的货币政策上保持谨慎。

美国联邦公开市场委员会货币政策活动的投票人员有：主席艾伦·格林斯潘（Alan Greenspan）、副主席蒂莫西·盖特纳（Timothy F. Geithner）、美联储主席本·伯南克等。

图8-2　2004年1月美联储公告[2]

金利率、通货膨胀率和国内生产总值的预期。现在，这些预测按季度发布。

2004年，美联储的公告日历也没多少内容，如图8-3所示。在那个时候，美联储连会议纪要也会推迟六周发布，所以，美联储的会议记录直到公开下次决议时才会被发布。

2004年3月25日
董事会贴现率会议纪要（2003年12月15日至2004年1月26日）
2004年3月18日
联邦公开市场委员会会议纪要（2004年1月27日至1月28日）
2004年3月16日
美国联邦公开市场委员会声明
2004年2月5日
董事会贴现率会议纪要（2003年11月10日至12月8日）
2004年1月29日
联邦公开市场委员会会议纪要（2003年12月9日）
2004年1月28日
美国联邦公开市场委员会声明

图8-3 美联储日程[3]：2004年一季度

如今，情况有所不同。现在美联储的会议记录于决议后三周公开。时间缩短一半。也就是说，本次会议的纪要将于下次决议召开前发布。

在表8-1中，你可看到2018年的美联储日程非常紧密。我之前提到过，新日程包括每次美联储会议的新闻发布会。

所以，美联储为什么会增加其出版物和新闻发布会的数量？

表 8-1　2018 年美联储日程[4]

日期	声明	会议	文件
1月 30日至31日	执行声明	长期目标及 政策战略	会议纪要： （发布于2018年2月21日）
3月20日至21日	执行声明	新闻发布会 预测材料	会议纪要： （发布于2018年4月11日）
5月1日至2日	执行声明	—	会议纪要： （发布于2018年5月23日）
6月12日至13日	执行声明	新闻发布会 预测材料	会议纪要： （发布于2018年7月5日）
7月31日至8月1日	执行声明	—	会议纪要： （发布于2018年8月22日）
9月25日至26日	执行声明	新闻发布会 预测材料	会议纪要： （发布于2018年10月17日）

　　这与金融危机的后果有很大关系。美联储极大地增强了其信息透明度，因此市场有更多时间来应对政策变动，此举也有望减少市场波动，并可能预防下次金融危机。

　　这个目标可能有些远大，但增加透明度并创建更多数据应当对金融市场的分析师有重大价值。问题在于，真的是这样吗？

　　至此，你可以理解为何本小节主线是"并非所有数据都有用"。

　　美联储开始用长篇大论来分享其预测、观点、预期和数据。在过去15年里，甚至美联储新闻稿的长度都大大增加了，如图8-4所示。

　　但是，尽管美联储努力创建和分享更多信息，但其创造的数据可能超出了市场的消化能力。毕竟，现在无论何时都可轻

美联储发布FOMC声明

2019年1月30日美国东部时间下午2：00发布

　　联邦公开市场委员会于2018年12月会后公开的消息表明，就业市场持续强势，同时经济活动以稳定速率增长。最近几月的平均新增岗位数量强劲，失业率持续处于低位。家庭支出持续强劲增长，商业固定投资从去年早期开始的迅速增长趋势变缓。以12个月为基础，总体通货膨胀水平和除食品能源外的其他通货膨胀水平维持在2%左右。尽管基于市场的通货膨胀补偿指标在最近几个月有所降低，但根据调查，对长期通货膨胀的预期变化不大。

　　委员会依照其法定职责，寻求促进就业最大化和物价稳定。为此，委员会决定继续将联邦基金利率维持在2.25%～2.5%的目标范围。委员会观察到经济活动持续增长，就业市场表现强劲，同时通货膨胀率接近委员会围绕2%的对称通货膨胀率目标，这也是最可能出现的结果。由于全球经济金融发展的不确定和通货膨胀低迷，委员会将保持谨慎，直到其认定未来对联邦基金利率的目标范围调整可能有助于支持上述日报。

　　在确定未来对联邦基金利率目标范围的调整时机及幅度前，委员会将评估与其就业最大化目标和围绕2%的对称通货膨胀率目标相关的已实现的和预期的经济情况。该评估将考虑一系列因素，包括对就业市场情况的衡量标准、通货膨胀压力指标和通货膨胀预期，以及对金融和国际发展的解读。

　　FOMC货币政策活动的投票人员有：主席杰罗姆·鲍威尔、副主席约翰·威廉姆斯（John C. Williams）、米歇尔·鲍曼（Michelle W. Bowman）等。

图8-4　2019年1月美联储新闻稿[5]

易获取美联储的4种国内生产总值预测。

　　以下便是可以立即从美联储获取的4种国内生产总值预测：

　　（1）美国联邦公开市场委员会公布的年度同比国内生产总值预测，属于美联储季度发布内容的一部分。

　　（2）亚特兰大联储公布的GDP Now[①]预测，预测了下次发布的

---

① 意为当前国内生产总值。——译者注

国内生产总值将实现的季度环比年化增长预期，该预测更新频繁。

（3）纽约联储公布的GDP Now Cast[1]预测，预测了未来两次发布的国内生产总值将实现的季度环比年化增长预期，该预测更新频繁。

（4）圣路易斯联储公布的经济新闻指数GDP Now Cast，预测了下次发布的国内生产总值将实现的季度环比年化增长预期。

2016年8月，时任美联储主席珍妮特·耶伦（Janet Yellen）在怀俄明州的杰克逊霍尔全球央行年会发表了一则关于美联储政策的尖锐声明，她提到"对于预测联邦基金利率将随时间怎样进化，我们的能力相当有限[6]"。所以，这些数据有用吗？或许没有。

就这些数据及其透明性而言，美联储仅对会造成另一次衰退的不平衡、政策和行为有较多的控制。这不意味着所有的数据都毫无用处。但是这些数据无法完成市场专家最希望它做的事情：对未来的联邦基金利率和而其他利率提供预测性见解。

重要的是要考虑到，尽管美联储拥有几乎无限的资源和大量受过良好教育且技能精湛的经济学家和计量经济学家，也并不能轻而易举做出正确预测。

与数据打交道的要点是，有时候世界上的全部数据也不足以解答你需要的问题。换句话说，并非所有的数据都有用处，我的建议也是如此。

---

① 意为当前预测国内生产总值。——译者注

43 美联储发言和美联储证词

要引起股市波动，无须操控价值万亿美元的对冲基金。

如果你是美联储的主席，你的话足以让股市翻天覆地。

只是暗示可能抬高利率或者降低利率，对预期的货币成本、公司盈利和增长预期都是至关重要的。

美联储主席在两种情况下的发言会对市场产生影响：美联储做出政策决议后召开的新闻发布会，以及在国会发布的证词。

先来谈谈美联储会议的新闻发布会。新闻发布会有标准的流程：首先致以简短的欢迎词，然后美联储主席宣读美联储决议，之后回答观众席的媒体提问。

彭博新闻社、《华尔街日报》、美国消费者新闻与商业频道和其他许多媒体都会出席，把焦点对准美联储主席，以揭示美联储书面声明中并未提及的未来政策。

一些投资者和分析师则会仔细研读美联储发布的和在记者会上回答的每个字。

这些人通常被称为美联储观察家，美联储发布的书面文字或者口头发表的内容则被称为美联储发言。

所以，这些媒体发布可能会产生重要影响，尤其在美联储主席透露过多信息的情况下。不止一位美联储主席曾经历过这种情况。这也会导致市场波动。

如果美联储暗示了与利率调整时间表相关的内容，即便是随口一说，也会被金融市场视若珍宝。原因是美联储负责制定货币政策，这些政策会影响利率和经济增长。

美联储的政策权利如此之大，不相信它的话，你就太傻了！

除了新闻发布会外，美联储主席还会每两年向众议院金融服务委员会和参议院银行委员会进行为期两天的声明。

美联储会议的新闻发布会中人头攒动，他们交头接耳，搜寻着能在媒体上发布或谈论的热点引语。

但在声明期间，参议员和国会议员将询问美联储主席，试图让美联储主席提供一些口头表述，从而证明他们有正当理由推动立法机关通过的某项计划。

或者他们在寻找证词，证明他们有理由反对美国政府或国会其他人的某些政策。还有些时候，参议院和国会议员可能会哗众取宠地讨论一些经济困境和问题，或者其选民的顾虑。

立法者的目标和媒体类似：让美联储主席发表一些尖锐言论以便后续使用，比如让其谈谈国会正在争议的医疗变化。

美联储主席的目标始终如一——不要多说。

而且他们不会发表任何未经完全检测但具有市场意义的内容，因为市场变化往往出人意料。

而且美联储还可能需要撤回某则声明进行更正，此类更正会导致市场再次巨幅波动。

绝对不能提的话题是联邦基金利率（美联储的主要政策利率）时间表调整或任何其他政策变动。

只有一种情况例外：亟须改变政策或亟须为政策变动做辩护。

比如美联储主席鲍威尔于2019年年中在国会前做出声明。企业固定投资减少，美联储需要进一步采取鸽派立场，鲍威尔被迫为美联储可能有必要在近期降息进行辩护。

总之，美联储的新闻发布会和国会声明看起来可能相当紧张，因为媒体和立法者并不站在美联储主席这边。他们与美联储主席的互动通常出于多种目的，他们站在美联储主席的对立面。

44 资产负债表政策

在金融危机的余波中，一个需要应对的大挑战便是：如何在几乎史无前例的衰退期刺激经济增长。为维持经济稳定，美联储、英格兰银行、欧洲央行、日本银行和其他央行史无前例地采取了一项关键措施，即扩张央行的资产负债表。

我们展望金融未来，需知道央行资产负债表正在以前所未有的规模进行扩张，而且这个趋势未来很可能持续下去，这一点很重要。

央行已经可以从以太币①中将资金变现，购买从抵押贷款证券和国债到公司债务及股本等多种资产，这一事实令人非常担心。但这种方法非常高效，因此很可能在未来再次发生。毕竟，如果有用，为什么现在要停用呢？

这一事实为一些支持加密货币的经济论点提供了佐证。

事实上，常被称为"创世区块"的第一笔比特币交易区块包括以下信息：

2009年1月3日，《泰晤士报》报道称："财政大臣即将进行第二次银行救助[7]。"

英格兰银行2007—2012年进行了多次救助，且其资产负债表

---

① 以太币（ETH），被视为"比特币2.0版"，是采用与比特币不同的区块链技术"以太坊"（Ethereum）开发的一种数字代币。——编者注

扩张了近300%，从940亿英镑扩张至4000多亿英镑，如图8-5所示。

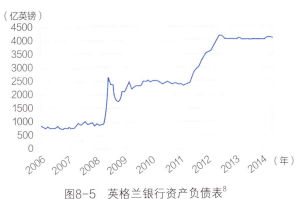

图8-5　英格兰银行资产负债表[8]

资料来源：美联储经济数据库，Prestige Economics LLC

但采取此类措施的不只有英格兰银行。欧洲央行也大规模扩张了其资产负债表。欧洲央行的资产负债表由2008年1月的1.3万亿欧元扩张至2012年6月的3.1万亿欧元。之后从2012年6月至2014年9月，欧洲央行将其资产负债表缩减了约1/3——从3.1万亿欧元至2万亿欧元。如图8-6所示。

然而，在此期间，欧元区经济放慢，欧元区制造业采购经理人指数也呈现出明显下降。欧元区陷入三底衰退的风险增加。本次经济增长骤降的结果是，欧洲央行改变立场并迅速扩张其资产负债表，已于2019年6月增长至近4.7万亿欧元。

央行资产负债表的扩张成为降低利率并间接刺激金融活动和经济增长的极端措施。中央银行参与购入政府负债、抵押贷款、债券或股票即是扩张资产负债表。各大央行的具体方法略有不同。

日本银行曾实施了最激进的央行扩张政策，图8-7体现了日

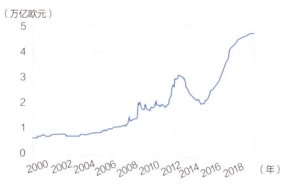

（万亿欧元）

图8-6　欧洲央行资产负债表[9]：11～19国

资料来源：欧洲央行

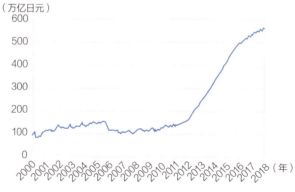

（万亿日元）

图8-7　日本银行资产负债表[10]：总资产

资料来源：日本银行，the Futurist Institute

本央行的总资产上升。实际上，量化宽松计划包括大量收购日本房地产投资信托基金以及日本股票中的交易所交易基金，如图8-8所示。换句话说，日本银行成了股票的大买家。

日本银行在2010年未持有任何交易所交易基金，但至2011年3月，日本银行持有的交易所交易基金价值1850亿日元。至2016年

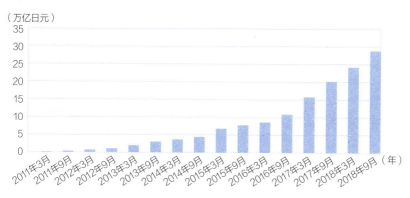

（万亿日元）

图8-8　日本银行资产负债表的交易所交易基金持有情况[11]

资料来源：彭博社，日本银行，the Futurist Institute

9月已增至11万亿日元。2018年9月，日本银行持有的交易所交易
基金价值29万亿日元。目前日本银行是许多股票的大股东。

这种情况前所未有，而且充满风险，这让我们不得不思考
一些难题：日本银行如何从日本股市中脱身？日本银行能否卖
出其持有的股票？其他央行会不会陷入同样的困境？很难预
测，如果日本银行撤退，其股市将何去何从？但看起来，其他
央行有朝一日可能也会选择这条路，购买该国内的股票。

美联储

为应对大衰退后的增长缓慢，美联储开始购入抵押贷款证券
以压低贷款利率并刺激美国的房市活动。美联储还购买了国债，
这拉低了利率。尽管美联储此前已将联邦基金利率设定为0。

如图8-9所示，美联储的资产负债表于2008年1月拥有0.9
万亿美元，在2015年1月时增至顶峰的4.5万亿美元。但美联储

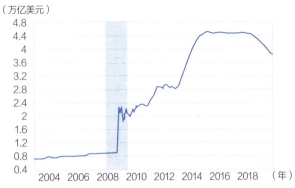

（万亿美元）

注：阴影区域表示美国经济衰退。

图8-9　美联储所有银行资产负债表总资产[12]

资料来源：美联储

没有购入任何股票或公司债券，尽管未来可能有此打算。但目前，美联储的重点在于降低其资产负债表水平，目前为3.8万亿美元左右。但美联储在未来可能扩张其资产负债表。

　　从2017年10月开始，美联储开始通过减少对到期抵押贷款支持证券和国债的再投资，来缩减其资产负债表。然而，不同于欧洲央行2012—2014年缩减资产负债表的方式，美联储故意以非常缓慢的速度削减资产负债表。我认为，受欧洲央行失败的部分影响，美联储决定在削减其资产负债表规模方面非常小心。

量化宽松的未来

　　尽管美联储已经在削减其资产负债表，资产负债表可能在未来很长时间内处于或接近于历史高位。而且未来很有可能扩张——而非下降至大衰退（2007年12月至2009年6月）之前的水平。

扩张美联储的资产负债表曾经非常有效地刺激了美国经济。换句话说，量化宽松政策见效了。这意味着美联储在未来可能会再次扩张其资产负债表。

此外，2016年时任美联储主席珍妮特·耶伦于2016年在怀俄明州杰克逊霍尔举行的堪萨斯城美联储全球年会上指出，"我希望，前瞻性指引和资产购买仍将是美联储政策工具包中的重要组成部分"。

她进一步补充道，"未来的政策制定者可能希望探索购入更多种资产的可能性"[13]。

也就是说，美联储未来不仅有可能再次进行量化宽松，而且还可能购入不同种类的证券。尽管美联储的政策在2017年和2018年有所紧缩，但未来有可能再次放宽。

中央银行的资产负债表和加密货币

中央银行资产负债表的扩张从根本上支持了那些青睐无央行背书的比特币和数字资产的经济和金融观点。欧洲央行和英格兰银行资产负债表的扩张和持续高位带来的影响尚不明朗。

但很显然，央行已经打开了量化宽松的魔盒，而且他们有可能支出他们没有的钱，从而有效地创造了凭空购买资产的能力。

然而从会计学的角度来看，如果最终这些资产的价值会失效并脱离资产负债表，也没什么问题。但日本银行的资产负债表不会出现这种情况，其资产负债表包括重要的股权资产。

展望金融和量化宽松的未来，我经常提到一种风险：未来经济出现周期性低迷时，央行可能持续扩张资产负债表。

不过，只要全部央行扩张资产负债表，可能就不会对汇率造成灾难性影响。毕竟，如果所有人都参与其中，很难有人大获全胜或者一败涂地。

而且如果可能的话，央行都想再次量化宽松。

美国经济未来的量子态

上文描述的趋势最终会导致我所称的"美国经济未来的量子态"。美联储在每次低迷期用无中生有的资金购买更多资产，央行的资产负债表会不断增长。

如果人们相信美联储前主席耶伦的评论，则美联储最终需要像其他央行一样，多元化其购买的资产种类，包括从公司债券到股票等各种资产。但随着每一轮周期的到来，中央银行作为最后的买家会变得越来越重要，美国经济就会大到不能倒。

没钱发放津贴和利息导致美国国债上升时，大幅扩张的资产负债表会让情况非常危险。

可能发生的最坏情况是，央行在几十年的商业周期之后几乎买光了整个经济的全部资产。同时央行需要偿还它用资金买来的（或者用无中生有的资金购买的）债务、抵押支持证券、国债、股票，甚至还可能有其资产负债表上的有形资产。

这便是我们量子态经济的来源——央行毫无资本，却拥有一切。这会给我们带来大问题。

央行如何在不走这条路的情况下重建信心，将成为未来十年的关键话题。

如果央行失败了，这种末日很快将成为现实。

45 美联储国内生产总值预测

关于经济学家，有句话是这样说的：你问两个经济学家对一个问题的看法，可能会得到3种观点。

美联储的经济学家也不例外。

事实上，美联储对美国经济增长有4种不同的预测，美国经济增长是由国内生产总值衡量的。

就是这样，一家央行，4种增长预测。

而且，4种预测的不同之处对人们非常重要。

这些预测为什么对人们很重要？和其他央行一样，美联储也会做出有关货币政策的重要决策，这些决策通常涉及利率（人们为抵押贷款支付的利率、企业为设备支付的利率以及储蓄账户所得的利率）和其他影响利率的活动。

美联储的增长预测会影响这些政策还有人们的资金。美联储预测也会影响交易活动，比如债券买卖或股票交易。这意味着美国人的退休金账户利息率可能会受美联储预测的影响而上涨或下跌。

所以，这4种增长预测从何而来？

每一季度，美联储的领导人都会制作当年和未来几年的年度国内生产总值预测。这些预测与美联储的决策一起公布。

表8–2中的样例预测了2019年6月及以后的美国联邦公开市

场委员会国内生产总值、通货膨胀率、利率和其他内容。

表 8-2　美国国内生产总值和其他预测（2019 年 6 月[14]）

变量	中位数（%）				集中趋势（%）				范围（%）			
	2019 年	2020 年	2021 年	长期	2019 年	2020 年	2021 年	长期	2019 年	2020 年	2021 年	长期
实际国内生产总值变动	2.1	2.0	1.8	1.9	2.0-22	1.8-2.2	1.8-2.0	1.8-2.0	2.0-2.4	1.5-2.3	1.5-2.1	1.7-2.1
3 月预测	2.1	1.9	1.8	1.9	1.9-22	1.8-2.0	1.7-2.0	1.8-2.0	1.6-2.4	1.7-2.2	1.5-2.2	1.7-2.2
失业率	3.6	3.7	3.8	4.2	3.6-3.7	3.3-3.9	3.6-4.0	4.0-4.4	3.5-3.8	3.3-4.0	3.3-4.2	3.6-4.5
3 月预测	3.7	3.8	3.9	4.3	3.6-3.8	3.6-3.9	3.7-4.1	4.1-4.5	3.5-4.0	3.4-4.1	3.4-4.2	4.0-4.6
个人消费支出通货膨胀	1.5	1.5	2.0	2.0	1.5-1.6	1.9-2.0	2.0-2.1	2.0	1.4-1.7	1.8-2.1	1.9-2.2	2.0
3 月预测	1.8	2.0	2.0	2.0	1.8-1.9	2.0-2.1	2.0-2.1	2.0	1.6-2.1	1.9-2.2	2.0-2.2	2.0
核心个人消费支出通货膨胀	1.8	1.9	2.0		1.7-1.8	1.9-2.0	2.0-2.1		1.4-1.8	1.8-2.1	1.8-2.2	
3 月预测	2.0	2.0	2.0		1.9-2.0	2.0-2.1	2.0-2.1		1.8-2.2	1.8-2.2	1.9-2.2	
联邦基金利率	2.4	2.1	2.4	2.5	1.9-2.4	1.9-2.4	1.9-2.6	2.5-3.0	1.9-2.6	1.9-3.1	1.9-3.1	2.4-3.3
3 月预测	2.4	2.6	2.6	2.8	2.4-2.6	2.4-2.9	2.4-2.9	2.5-3.0	2.4-2.9	2.4-3.4	2.4-3.6	2.5-3.5

资料来源：美联储公开市场委员会

美联储收集其领导人的预测并展现预测范围，包括中位数和集中趋势。

美联储也预测了其他项目，但增长数据非常有趣，因为联邦储备系统的12个联邦储备区中有3个区——亚特兰大、纽约和圣路易斯储备银行都对当前季度国内生产总值水平进行了预测。

但我们如何处理美联储对同一季度国内生产总值的多种预测呢？

方法很简单：这些数据很重要而且被需要。对于经济态势而言，预测经济增长最重要的数据便是国内生产总值，但汇总数据要花费时间。

对于每年一季度（1月1日至3月31日）的国内生产总值，国内生产总值的"预先"报告直到3月底才会发布。

而且此后还会对一季度的国内生产总值发布2次报告：5月底发布国内生产总值中期报告，6月底（二季度末尾）发布一季度的第三次报告。

这意味着，直到7月左右（一年过去了一半），1月的最终影响才被计算并发布在国内生产总值里。

从经济的角度而言，国内生产总值数据因此变得"老旧"。

因此，亚特兰大联储、纽约联储和圣路易斯联储的国内生产总值预测成为需要关注的重要经济指标（见图8-10）。这些对现季度国内生产总值的"Now Cast"类似于天气预报，旨在预测近期的经济情况。

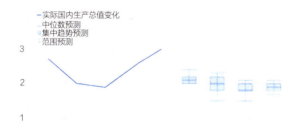

图8-10　美国国内生产总值预测[15]

资料来源：美联储公开市场委员会

通常情况下，人们说天气预报员的存在衬托了经济学家的靠谱。但在经济预测中，这种短期预测的准确性和天气预报差不多。

这意味着美联储的区域预测基于短期预期，因此会在重大经济数据发布后进行更新。

尽管这些银行能接触到的数据和资源相似，但其做出的预测存在至少1.5个百分点的差异。

因为得出的预测差值较大，你可能会认为这份数据"乱七八糟"，而且不怎么有用。所以，交易员倾向于重点关注与美联储声明同时发布的美联储官方季度预测。

但这些区域联储的报告发布也会影响短期交易——尤其是亚特兰大联储的GDP Now Cast预测。截至2019年年中，该预测的表现略好于其他预测。

因为GDP Now Cast的预测使用了大量数据，而且适应性强，其准确性可能会随着时间逐步提升——这也意味着这些报告会得到更多关注。

同时，股市、美元、黄金价格和债券价格可能在未来会对这些"GDP Now Cast"报告更为敏感。

46 区域联储制造业报告

　　一说到国家经济，可能态势向好，但你可能真的想知道你所在的地区情况怎样。

　　幸运的是，美联储的分支机构发布的报告帮得上这个忙：纽约和费城制造业指数长期以来最受关注，虽然达拉斯、里士满和堪萨斯城等其他联储银行也会发布指数。

　　在这些区域有业务的公司常常会发现其股价受这些报告的影响，有时整个美国的股票和债券市场都会随之波动。

　　首先，我需要澄清一点：制造业在美国经济中的比重相对较小，略高于10%。但作为资本密集型企业，制造业一直引领着美国的经济发展。

　　因此，尽管美国经济显然以服务业为中心，但这些报告仍然重要。

　　现在，此类报告有一个重要的共同点：报告数据均源自美联储对各调查区域内不同行业从业者的调查结果。

　　如果这些报告疲弱，可能有两方面的重要含义。

　　首先，区域联储制造业报告可能意味着该地区的经济活动处于危险中：在该地区，公司利润降低（股价也可能降低）、人们可能失业、房屋止赎可能上升，同时房价可能下滑。

　　并非所有区域联储都发布区域制造业调查，但如果你所在的区域发布制造业指数，你就应该关注这项数据，因为其可能造成巨大的影响。

在纽约，你应该关注帝国制造业调查。在宾夕法尼亚，你则应该关注费城联储发布的费城联储指数。

在得克萨斯州则应该关注达拉斯联储，在堪萨斯州和平原各州，则应该关注堪萨斯市联储。

在弗吉尼亚州或者卡罗来纳州，则应该关注里士满联储指数。

我住在得克萨斯州，公司在奥斯汀运营。所以，你能猜到我每月都会关注得克萨斯州达拉斯联储报告和达拉斯联储的区域制造业、服务业和零售业。

其次，区域联储制造业报告可能意味着全国的经济活动都处于危险中：区域指数的总体结果尤能反映这个趋势。

如果一项指数下降，可能只是单个区域因为飓风、暴动或其他原因出现的情况。但如果全部区域指数都下降了，则情况不妙。

在这种情况下，这些区域联储指数可能成为总体经济状况的指征。全部区域联储指数下降，可能暗示着整个美国经济岌岌可危。这也会对全国的股市和债券价格造成不利影响。

如果这5项指数暴涨，则对整个美国经济而言是利好。

这些报告也早于美国供应管理委员会制造业指数之前发布，后者是对美国经济而言最重要的单项经济先行指标。

所以，投资者和分析师自然想关注对ISM有重要影响的经济数据。这便是区域联储制造业报告备受关注的第二个重要原因。

区域联储指数对区域经济规划非常重要。同时，如果你的投资与区域经济增长、建设和制造业相关，也需要关注区域联储指数。

第九章

通货膨胀
报告

47 通货膨胀概述

你是否记得有段时间，一罐汽水卖25美分？

或者你认识的人经历过那段时间？

那是什么情况？那就是通货膨胀。

通货膨胀便是整个经济体的物价随着时间上涨。

牛奶价格、房价、车价，几乎所有的价格都比30年前高了。

这都是因为通货膨胀。

因为通货膨胀，基本上人们能购买的所有商品和服务价格都上涨了。这意味着花了同样的钱，买到的东西却更少了。用货币购买的商品总额被称作货币的购买力。通货膨胀期间，你能买到的东西变少了，金钱的购买力下降了。

所以，现在的1美元，买不到过去1美元能买到的东西！

因此，通货膨胀成为政策制定者、交易员、个人储蓄和投资者都要关注的关键经济指标。

如今，企业、银行和经济最希望看到的情况是通货膨胀稳定持续地处于低位。

购买杂货的时候，你会猜一猜，超市的物价是否会随时间逐渐上升。

多数企业考虑投资或者购入设备时，也会考虑这些。他们也想知道物价的大致情况。

因此，如今多数央行的目标便是将每年的通货膨胀率维持在2%左右。

与历史水平相比，2%相对较低。在20世纪80年代初，美国通货膨胀率每年超过10%。但与超级通货膨胀相比，每年10%也显得不足为奇。

超级通货膨胀指通货膨胀不受控制开始疯长，物价可能会翻两三番甚至十几番。这会让货币快速贬值，是各国央行最怕出现的情况。

20世纪20年代，德国出现了超级通货膨胀，德国马克在不到10年的时间里折损严重。此前1美元值4.2马克，但几年后，1美元值4.2万亿马克。

这并非因为美元价值千金，而是因为超级通货膨胀破坏了马克的价值。

如果你在银行账户中有储蓄，则你用储蓄能购买的东西变少了，因为你银行账户里的存款没有升值，而全部物价都涨了1万亿倍。

此前标价1马克的一杯咖啡在10年后可能标价1万亿马克。然而你银行账户里的储蓄可能仍是1万马克。此前，你可以用这些钱买一大堆咖啡，但最后，你可能还买不起一颗咖啡豆。

货币日益贬值，人们甚至用马克纸币来点火或者糊墙。

甚至还有个故事：有个男人把满满一独轮车的钱放在外面，然后进超市买面包。等他出来的时候，他的独轮车不见了，那些钱都还在。

预防恶性通货膨胀非常重要。因为物价失控后，经济便不再稳定，固定养老金不断贬值，企业便不敢投资。

这种情况发生时，经济增长便会急剧放缓，甚至还可能会出现经济衰退，有时还可能会发生政治动荡。

幸运的是，恶性通货膨胀并不常见，但它却是多数央行最怕发生的情况。他们通过消费者通货膨胀月度报告（即居民家庭购买一篮子商品和服务所支付的价钱）来关注恶性通货膨胀。

但谈到通货膨胀时，央行还害怕一种情况：通货紧缩。即全部物价下跌。这听起来很好，但并非如此。

因为通货紧缩会使工资下降。

这也会让固定利率贷款（如抵押贷款或学生贷款）更贵。

如果你的工资从年薪5万美元降低到4万美元，但抵押贷款依然是每月1 500美元，贷款在工资中的占比增大，你就会感觉贷款更难还。

通货紧缩不常见，而且通常是经济急速衰退时出现的短期现象。

你的工资、贷款还款、储蓄价值和你所在地区的总体经济都会受通货膨胀影响。如果发生恶性通货膨胀，你去买东西时，最好花钱买辆独轮车把你的现金运进来，千万不要守着钱放在那里不管。所以，密切关注通货膨胀吧！

48 消费者通货膨胀

如果你在洗衣服的时候不小心把1美元纸币落在了衣服口袋里，洗完衣服后这张纸币会变皱，可能还有点褪色，但它的面值不会减少。

现在，如果你把一张美元纸币放在牛仔裤口袋里10年以上，你会发现它的面值不会减少，但其购买力会下降。你用这1美元能买的东西变少了，因为通货膨胀会随时间的推移而总体持续上涨。

有许多方法可以衡量通货膨胀，衡量通货膨胀对消费者的影响便是最重要的一种。

衡量美国消费通货膨胀最重要的方式之一便是美国劳工统计局发布的消费者物价指数（CPI）。

CPI反映的物价变动会受到高管、央行人员、交易员和媒体的关注，因为这类变动可能影响利率、工资和采购合同。

我们来观察下CPI及其包含的内容——尤其是媒体和政策制定者密切关注的两项标题数据：总体通货膨胀和核心通货膨胀水平。

总CPI包括平均消费者代表的一篮子商品中的所有商品：食品、能源、服装、车辆、医疗、住房和交通。

总CPI需要被重点关注，美联储之类的央行也会关注核心通货膨胀之类的内容，核心通货膨胀内容不包括食品和能源。图9–1中包括总CPI和核心CPI两条折线，反映了劳工统计局月度报告公布的年同比通货膨胀率。

2017年9月，美国消费者通货膨胀同比上涨2.2%，核心CPI仅上涨1.7%。

排除食品和能源并不是因为美联储经济学家都是机器人，不消耗食品或能源，而是因为能源和食品价格波动较大，如飓风会导致油价会上涨，旱灾会导致谷物价格会上涨。

在分析通货膨胀时，最好能排除这些波动因素。

各项CPI报告是每月发布的重大文件，而且涉及成本项目时会有很多细节，比如：

- 宠物食品和宠物用品的成本计量差异
- 国内红酒和威士忌酒的成本差异
- 曲奇和现做饼干、面包卷和松饼之间的差异

在这些数据中，有些类别可能会对你或你的公司产生重大影响，值得关注。

我曾经为一家曲奇饼干工业集团做过一次研究项目，该项

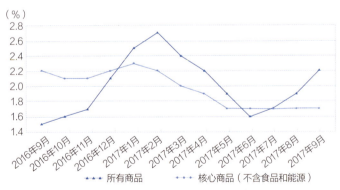

图9-1 美国消费者物价指数[1]

资料来源：美国劳工统计局，Prestige Economics LLC

目需要编制并预测一些数据来帮助它预测未来的曲奇价格，以及曲奇饼干与其他饼干价格的差异情况。

幸运的是，这份CPI报告中甚至还有每月数据。

各类公司都非常关注CPI。

我的有些客户是汽车和汽车零件制造商。这些公司的各项事务几乎都需要合同。公司会与员工签订劳动合同，尤其是劳动者有工会的情况下。

这些公司也会与供应商签订采购协议，公司借此同意以特定的价格购买特定的物品。因为通货膨胀是种风险，许多劳动合同和采购协议都与CPI紧密相关。

如果通货膨胀率上升，工人工资也会上涨，采购的物品价格上涨。鉴于CPI是引用最广的通货膨胀衡量数据，公司、工人和供应商通过使用政府公布的官方CPI数据，可以就公司在通货膨胀后的支付款项达成协议。

如果你是拿薪水的普通上班族，则需要确定你的薪水年涨幅至少与通货膨胀一致。若不一致，则说明你实际上做着同一份工作，拿到的工资却更少了。

消费者通货膨胀（尤其是核心通货膨胀）激增会促使一国央行抬高利率。

抬高利率会导致货币升值、股票价格下跌，而降低利率会使货币贬值、股票价格走高。

通货膨胀且利率上升时，会对金融市场造成涟漪反应。

对你和我来说，通货膨胀的影响非常简单易懂：物价上涨，你我所拥有的货币便不如以前值钱了。

49 个人消费支出

你最近看到我在商店购物了吗？

如果你看到我了，可能会发现我们买的东西不一样。这也意味着随着时间的推移，通货膨胀会对我们造成不一样的影响，因为我们购买的商品不一样。

央行人员了解这一点，所以他们在处理通货膨胀时，尽量考虑到整个经济体中所有人（不只是你和我）的购买物品所组成的一揽子商品。

CPI是衡量通货膨胀的一种方式，美国央行（即美联储）更喜欢用个人消费支出来衡量通货膨胀。

因为个人消费支出指数涵盖了一系列家庭支出，而且美联储认为其更能代表整个经济体的通货膨胀水平。既然央行认为个人消费支出数据更加"真实"，我们就有必要讨论一下。

这不是说，上一小节中的CPI数据用处不大。美联储也会关注CPI，而且CPI对劳动合同和商品合同非常重要。

但讨论到美国的央行政策时，个人消费支出几乎是唯一的选择。

个人消费支出由美国经济分析局制作，其通货膨胀预测包含在每月发布的个人收入和支出（又称"开支"）报告中。

个人消费支出反映了大类支出通货膨胀导致的价格上涨，

比如商品和服务成本导致的物价上涨。

就商品而言，主要有两个重要类别：耐用品和非耐用品。

耐用品是理想状态下可以使用至少3年且使用时不被消耗的商品。比如洗衣机或者冰箱，都是耐用品。

非耐用品不太耐用，而且通常在使用时会被消耗，比如食品和衣服。

服务包括专业服务，比如会计、法务和金融服务，以及其他服务，如美甲、修脚、理发和按摩等。

此外，还有不包括食品和能源的核心通货膨胀数字，以便减少能源及农产品价格波动的影响。

这就是美国央行美联储最为关注的经济指标，因为这个指标被视为反映了真实的通货膨胀水平。

所以，即便CPI更常被讨论，对劳动和制造业合同更为重要，甚至属于美国税法的一部分，但个人消费支出才是对美联储而言最重要的衡量方式。从严格意义上说，对于你将支付的汽车贷款、公司要购买的新设备、下次旅行用美元兑换到的欧元而言，个人消费支出带来的影响大于其他任何经济指标。

其他经济体衡量通货膨胀的方式不一样，但并无太多国家像美国这样用CPI和个人消费支出多种指数来衡量消费者通货膨胀。

想知道美联储接下来会如何调整利率?

个人消费支出就是关键。实际上，美联储每个季度都会在其预测材料中制作个人消费支出和核心个人消费支出预测。

如果个人消费支出上涨，利率可能也会上涨，抵押贷款、车贷和学生贷款利率可能也会上涨。

与CPI类似,个人消费支出通货膨胀数字按月发布。更重要的是,发布个人消费支出通货膨胀数据的同时还会发布一份个人收入和支出的增长报告。总体而言这些数据很重要,因为其反映了月度消费变化,而消费占国内生产总值的70%。所以通货膨胀数据与这份关键的增长数据息息相关。

但关于个人消费支出的大多数讨论(如本小节内容),都聚焦于衡量CPI和个人消费支出通货膨胀之间的差异。

50 生产者通货膨胀

我的汽油购买量较小，因为我开小型车，而且通常远程工作。因此，你可能认为油价通货膨胀对我而言不是个大问题。那你可想错了。

油价的大幅波动对我很重要，不仅是因为我预测油价，还因为油价可以驱动其他物品的价格。

除非你住在只在美国《国家地理》纪录片中出现的荒原或者偏僻的工业化前的村庄，否则，你拥有的全部物品几乎都是由其他地区制造的，那些物品都需要运输才能到你手里。

在生产的每个阶段，实体商品都要走运输流程。在此过程中，卡车需要柴油，船舶需要船用燃料。如果油价涨得足够高，你可能不仅会在加油站感受到油价上涨，在其他各处都能感受到！

这类通货膨胀多数情况下会直接影响生产者，被称为生产者通货膨胀。它会影响生产流程的每个阶段。如果物品的生产成本上涨，其购买价格也会上涨。

在美国，生产者通货膨胀通过劳工统计局每月发布的生产者物价指数衡量。

尽管美联储非常关注消费者通货膨胀，生产者通货膨胀也因以下几点受到密切关注：

首先，成品生产者通货膨胀的大幅波动会对生产者通货膨胀造成重要影响。换句话说，本月生产者通货膨胀的大幅上涨可能会导致消费者通货膨胀在未来大幅上涨。如果钢材价格急剧上涨，可能会抬高车架的价格，从而抬高车价。

其次，生产者通货膨胀会损害公司的边际利润。其带来的影响（比如车辆成本上涨）会直接影响公司财务，普通人可能还不太清楚生产者通货膨胀是如何导致消费者物价上涨的，也不清楚生产者通货膨胀上涨是如何影响公司利润的。

在生产者物价指数报告中，商品或服务到达最终需求（即你这样的消费者）之前，存在4个中间阶段。

我们前文提到过钢材价格，所以，我们以汽车制造中的铝制零件（如旋转轮辋）为例，分析铝材是如何通过生产者物价指数的四个阶段流向最终需求的：

第一阶段，矾土和铝土矿生产良好。有些矿物被用作生产铝，而这些矿物来自土地。

第二阶段，制铝。

第三阶段，用铝制作汽车部件。汽车要安装这种旋转轮辋。

第四阶段，第三阶段的铝件和其他汽车部件被组装成轻型货车和小汽车。

在生产者物价指数中，物价差异被分别记录在这4个中期制作阶段以及最终的需求阶段（在此阶段，商品、服务和建筑被销售至最终需求）中。换句话说，物价差异是成品车辆销售至消费者时的物价变动。

要知道，即便生产者物价指数重点关注制成品，其也可以用于衡量服务中的生产者通货膨胀。

生产者通货膨胀的月度变化经常受大宗商品价格大幅波动的影响，比如钢、铝或油的价格波动。

但从长远来看，生产者通货膨胀同比增长率更为重要。央行人士制定政策时关注的便是这项：经过梳理的长期数据。

最终生产者通货膨胀和消费者通货膨胀之间的差异巨大。

业主等价租金不属于生产者通货膨胀，而属于消费者通货膨胀。

消费者通货膨胀和生产者通货膨胀还有其他差异。

如果你想深入了解CPI和生产者物价指数之间的差别，可以查看劳工统计局的报告。

51 能源报告

能源价格是美国通货膨胀版图中的重要部分，同时对生产能源及消耗能源的公司而言都非常重要。

美国的能源报告涉及石油库存、天然气库存、能源生产、能源供应和美国及全球能源市场的其他动态。

对美国通货膨胀和经济而言，必须要了解美国一年两次的能源需求高峰。

在夏季，汽油需求高，因为人们会欢度暑假或者开车自驾游玩。在冬天，天然气需求高，因为天气寒冷，而取暖非常需要天然气。

但对能源的需求不是驱动其价格的唯一因素。能源供应对价格也非常关键。

因此，汽油、柴油、原油等石油库存以及天然气库存决定了需求高时的物价是否会高。

能源价格不仅会影响你在加油站支付的燃油价格或者房屋和壁炉的取暖费用。能源价格也会影响你持有的能源投资品价格，而且能源价格还会影响通货膨胀。

美国能源部的能源信息署每周会发布两份重要的库存报告，这两份报告可能会影响能源价格：

第一份是《每周石油状况报告》，又称《美国能源部石油储备报告》。

第二份报告是《天然气储存报告》，又称《美国能源信息署库存报告》。

美国能源部石油储备报告

美国能源部石油储备报告包含了美国的原油、汽油和馏分油库存数据。你应该知道，馏分油包括柴油和取暖油。

原油和其他石油产品储备大量增加时，石油储备增加，则不利于油价。毕竟，供给增加，价格下降。同时，油价下跌也不利于石油公司的股价。

但如果某份周报显示这些石油储备大幅下降，则通常被理解为供给紧缩。供给降低，价格就会上涨。

这类储备报告会导致原油、汽油和柴油价格上涨，因此如果石油储备报告中的供给下降，石油和天然气公司的股价可能会上涨。

能源市场的观察者一定要了解备受交易员和投资者关注另一份石油储备报告。

我目前提到的石油储备周报是美国能源部发布的。这是官方的石油储备周报。

另一份石油储备周报则由美国石油协会发布。尽管这两份报告声称其展示的数据项目相同，但其数据反映的情况可能大相径庭。简言之，数据的数值经常相去甚远。

我们可通过对比两份报告对数据收集的监督过程，从而判断两者在可靠性上的差异。

据我对两份报告的分析，美国能源部储备报告受法律约束，提供错误数据可能会受到刑事和民事处罚。

美国能源部表格的说明包括以下注意事项：

报告人按要求及时提交表EIA-803是《1974年联邦能源管理法
（FEAA）（修订案）》（公法93–275）第13（b）节规定的强制性内容。
如未填写该表，就每次违规行为对其处以不高于每天2 750美元的
民事处罚，或就每次刑事违规行为对其处以不高于每天5 000美元
的罚款。政府可提起民事诉讼，禁止上报可能会导致临时限制令
或初步或永久的无担保禁令的违规行为。在此类民事诉讼中，法
庭亦可发出强制性命令要求任何人士遵守本报告规定。[2]

表EIA-803的原油实际储备周报开篇便有严正警告，强调了
提供真实完整数据的重要性：

本报告是《美国法典》第15部第772条（b）款规定的强制性内
容。未遵守本报告的可能被处以刑事罚款、民事处罚以及法律规定
的其他处罚。有关处罚及数据保护的更多信息，参见说明事项中的
处罚规定及信息保密性相关规定。《美国法典》第18部第1001条明
确，任何人士知情且自愿就其所在辖区内的任何事项向任何美国
机构或部门提供任何错误、虚构和欺诈性陈述均构成刑事犯罪。[3]

如不完整准确地填写美国能源部的每周报告表，则有可能
触犯刑法罪项或被处以民事或刑事罚款或处罚，这种犯罪风险
应该足以确保美国能源部数据的完整性和准确性。

美国石油协会是重要的行业组织，但其石油储备报告表没有法律背书，也无法律效力。因此，我建议我的客户在关注美国石油储备周数据时忽略美国石油协会的数据。

毕竟，美国石油协会在每周数据收集的过程中，无须遵守法律规定来提供每周储备数据，提供错误信息也无任何后果。

为什么要忽略某些数据？因为其可靠性有待商榷，美国石油协会数据可能是个极端的例子。但你查看不同数据的时候，必须考虑该数据是否有用。

你无须将每个潜在变量都塞进你为市场或公司数据搭建的金融模型中，但你需要加入那些能让模型更精确的数据。

美国能源信息署天然气存储报告

除了前两份石油周报外，我们也应关注能源信息署发布的美国天然气存储报告（周报）。

美国能源信息署天然气存储报告反映了美国天然气的总库存，同时将该库存水平与五年均值做了对比。

这些数据受到密切关注，详见图9-2。

美国能源信息署天然气储备周报也展示了美国部分地区的天然气存储水平。

可以理解，天然气价格会受每周储备变动的影响，尤其受大幅减少或增加所影响。

大规模生产天然气（天然气比石油更易被大规模开采）的公司可发现其股价随着储备数据出现明显涨跌。

天然气储备在冬天非常重要，因为冬天对天然气的需求最

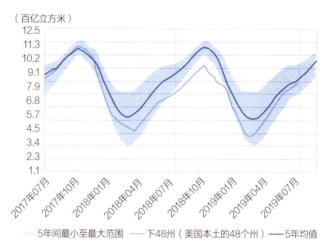

（百亿立方米）

　　5年间最小至最大范围　　下48州（美国本土的48个州）　　5年均值

图9-2　每周天然气库存[4]：最高值和最低值相比

资料来源：美国能源信息署

高，取暖的物理需求驱动了天然气消费。

　　在冬天，人们对大量天然气储备的长期需求抬高了天然气价格。这对那些管道运力有限的大城市而言的确是个问题。

　　极寒天气会让储备迅速下降，价格飞涨。但较为温和的冬季天气对库存的影响较小，会导致价格下降。

　　天然气价格飙升会影响人们的预算，增加他们的取暖支出。此外，天然气的支出增加可能对公司财政造成负面影响。

　　天然气价格降低对经济有利，也有利于公司预算，更有利于人们在冬天降低取暖支出。

　　你在能源领域有投资吗？能源领域的投资受这些报告影响较大。

　　或者，油价或天然气价格上涨是否会导致你公司的边际利润收缩？如果是，这些就是你需要关注的主要报告。

52 收益率曲线

利率是通过抵押贷款、学生贷款、车贷或信用卡借款时要支付的利息。

但这些利率来自哪里？

车贷、抵押贷款和银行储蓄账户的利率都来自"收益率曲线"——这是对未来30年期政府债务还款利率的可视化描述。

一旦知道了收益率曲线，你就可以开始下一笔抵押贷款或者车贷前看下收益率曲线。收益率曲线会说明你的交易是否划算，或者你是否为这些贷款支付了超额利息。

收益率曲线由未来30年期的美国国债利率组成，常被视为无风险利率，人们可在美国财政部网站上免费获取。

该曲线的时间段从1月期至30年期不等。

不同时间段的国债利率不同。国债利率属于无风险利率，具有非常重要的地位，因为国债利率是其他贷款的基础。30年国债利率与30年抵押贷款紧密相关。而5年期和10年期的国债利率会影响车贷，因为车贷时长通常在5～7年之间。每月利率则会影响储蓄账户的收益。

金融专家把未来的国债利率数据称为收益率曲线，有些人将其简称为"曲线"。

视觉上，这些数据点可被放在图中，连成直线或曲线来反映国债利率在未来30年期的不同时间段内的收益情况。

图9-3绘制了自2019年8月1日美国政府网站上的利率情况。如你所见，一些利率接近于当前时间，而另一些利率则时间较远。在本书出版时，部分收益率曲线出现了倒挂。这意味着，整个曲线中的利率不会一直上升。

1个月和3个月的短期国债利率被称为"曲线前端"。到期时间更长的债券利率（如30年长期国债）被称为"曲线后端"。

在正常的收益率曲线中，长期利率会高于短期利率。

这不难理解。如果你给我借钱，还款期限为30年，我自然会推断出你给我借这么长时间肯定会抬高利率，还款期限为1年时我就不会这么想。

无论我多值得信任，长期借款的风险都更大。抵押贷款、

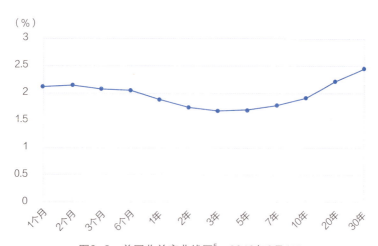

图9-3　美国收益率曲线图[5]：2019年8月1日

资料来源：美国财政部，Prestige Economics LLC，the Futurist Institute

银行贷款、公司债券和政府国债的利率也是这个逻辑。

一般来说，贷款期限越长，利率越高。

比如，15年期抵押贷款的利率可能低于30年期抵押贷款的利率。看看收益率曲线，就能发现此间的差异可能是0.5%～1%。这种差异对抵押贷款而言则是一大笔钱。

30万美元的1%是一年3 000美元。所以如果是15年期抵押贷款，则是4.5万美元。

但30万美元的2%是一年6 000美元，如果是30年期的抵押贷款，在15年内就需支付9万美元的利息。

所以利率之间的差值可能意味着一大笔钱。

既然在正常情况下，未来的利率会高于当前利率，所以如果收益率曲线下降，则暗示着经济会降温，经济形势不好。人们称之为收益率曲线倒挂。

下次贷款前先看看收益率曲线。如果你的利率与收益率曲线相差较大，可能意味着你的利率太高了，或者你被视为了风险借款人（此类人申请贷款时的利率更高）。

知道了这些答案之后，你可以在个人贷款（尤其是可能长达30年的抵押贷款）上省下许多钱。

第十章

内容整合

53 通货膨胀总结

　　1995年，我高中毕业，得到了一份年薪4.5万美元的工作。考虑到通货膨胀因素，约等于现在的8.8万美元。

　　通货膨胀会影响你的资产——你的工资和储蓄，还会影响你为抵押贷款支付的利率。

　　有许多不同的通货膨胀报告：消费者物价通货膨胀、个人消费支出通货膨胀、生产者通货膨胀。这些只是美国通货膨胀版图中的一小部分。

　　那么，我们该如何协调这些源源不断的通货膨胀数据呢？

　　我们从两方面考虑通货膨胀：生产者和消费者。

　　顶端是消费者通货膨胀，由CPI来衡量。

　　公司和生产者通常在合同中应用CPI。CPI也常见于税法中。CPI反映了消费者的支付情况。

　　另一种衡量消费者通货膨胀的方式是个人消费支出报告。它与CPI不同，但美国央行（即美联储）在制定政策时更依赖个人消费支出。

　　在任何经济体中，消费者都处于顶端，生产者通货膨胀向上传递给消费者。受物价增长打击的生产者要么将高物价传递给消费者，要么接受成本增加，缩小了利润空间。

　　生产者物价指数是衡量美国生产者通货膨胀的关键方式。

工资通货膨胀和进口通货膨胀这样的通货膨胀压力会从消费者和生产者层面的各个角度影响整个经济体系。

工资通货膨胀会影响公司给员工的工资，进口通货膨胀会影响生产者和消费者。

劳工统计局的《就业报告》每月会对薪资面临的通货膨胀压力进行解读。

对进口而言，每月的进出口物价指数会反应进出口通货膨胀情况。

进口通货膨胀上升时，在美销售车辆从加拿大或墨西哥进口汽车部件就会更贵。这种情况下，你购买法国葡萄酒的价格也会上涨。

一些商业活动调查（如美国ISM制造业和非制造业指数调查报告）还会发布衡量通货膨胀压力的其他方法。

这些通货膨胀报告的走向并不总是一致。有时候，一种通货膨胀指标可能与另一种指标相差甚远。

但在一般情况下，如果一大群通货膨胀指标同时上升（或下降），不仅会对央行和利率产生影响，还会影响薪资和不动产价值（如房子和其他财产）。

甚至还有一些投资旨在通过通货膨胀上升获利。当然，还有些投资靠通货膨胀降低获利。

你的公司如何监测通货膨胀？

通货膨胀上升时，你的投资是否会增值？通货膨胀下跌时又是什么情况呢？

美国通货膨胀报告的完整清单以及其他国家的通货膨胀数据来源可在美国劳工统计局网站获取。

54 关注衰退

　　自2009年年中开始，美国长期处于经济扩张态势。到2019年7月，当期的经济扩张已成为美国历史上持续时间最长的一次。

　　尽管扩张势头强劲，但许多人都在想，下次衰退何时开始？

　　毕竟，衰退总会来的。

　　道理很简单，扩张之后就是衰退。

衰退的定义

　　一直以来，经济学家认为，国内生产总值增长连续两个季度或以上出现负值即陷入经济衰退。在这两个或以上的季度内，国内生产总值下降。这不意味着国内生产总值作为消费、政府支出、投资和净出口的总和为负值，而是其增长水平衰退，即从上季度到下季度的百分比变化为负值。

　　美国国家经济研究局是公认的对美国商业周期（包括美国衰退期）进行研究的权威机构。自2010年起，美国国家经济研究局对衰退的定义略不同于传统定义（"连续两季度出现负增长"）："衰退是整个经济体内的经济活动出现严重衰退，持续时间少则数月，通常可见于实际国内生产总值、实际收入、就业、工业产值和批发零售业。"[1]

美国国家经济研究局对其的定位是"一个私营非营利的无党派机构，旨在开展经济研究，向学术界、公共政策制定者和商业人士传播研究结果"。[2]

圣路易斯联储经济数据库使用了美国国家经济研究局之前界定的衰退期。

既然美国国家经济研究局对衰退的定义被美联储认可，应该也对我们有好处！因此，我在本书中提到了美国经济衰退期。

55 长期风险和机遇

未来金融将面临美国国债飙升带来的巨大挑战。每位经济学家、美国联邦公开市场委员会成员和美联储主席都曾警告过，高水平国债可能会对长期增长率有负面影响。但这些警告大部分被视而不见，留下无人问津的科学家们扮演着卡桑德拉①的角色。[3]

美国国债问题日益严重。美国国债现为22.5万亿美元，不是笔小数目。实际上，相当于生活在美国的所有男女老少人均负债6.8万美元。[4]

这笔钱可不少！

如图10–1所示，美国国债增长的步伐加速了。至1981年，美国国债超过1万亿美元花了205年。但仅在5年之后，国债于1986年4月翻倍增至2万亿美元。美国国债最近一次翻倍出现在当前的商业周期中（即大衰退后）。[5]

与美国国债总额的趋势相比，债务与国内生产总值比率的上升趋势不太明显，但自2007年12月开始的大萧条后也开始飙升（如图10–2）。

高国债的主要负面影响之一，便是在未来拖累美国经济的潜在增长（即国内生产总值）。此外，到期未偿的政府债务的复

---

① Cassandra，即希腊神话里不被人相信的先知。——译者注

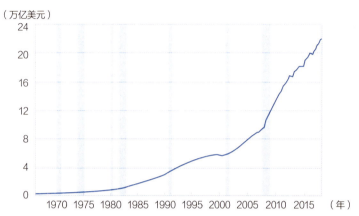

（万亿美元）

注：阴影区域表示美国经济衰退。

图10-1　美国联邦国债总额[6]

资料来源：美国财政部

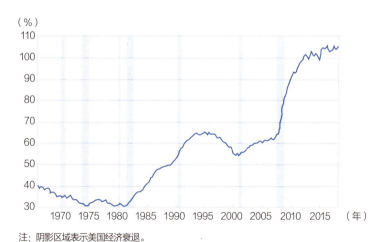

（%）

注：阴影区域表示美国经济衰退。

图10-2　美国联邦国债总额在国内生产总值中的占比[7]

资料来源：美国财政部

利可能会加剧债务风险。

尽管一些分析师非常机敏，注意到美国的债务与国内生产总值比率低于其他国家，但要注意美国的经济体量为世界首位，因此债务额也会相对较大。这意味着美国债务上涨会让全球经济更难逐渐吸收美国的债券。

2017年美国税收改革背景

2017年通过的美国税收改革被称为"百年一次"的减税措施，这次改革也的确有所成效。尽管这次改革改变了许多税种的税法、限制以及等级，但并未涉及政府津贴。而且工资税从未被讨论过。但是，美国国债和美国经济的国内生产总值长期增长面临的一些重大风险却取决于政府津贴资金不足的解决情况以及美国国债的控制情况。

为了掩盖政府津贴支出的增加，工资税可能会急剧上涨，从而加重工人、个体经营者以及零工经济从业者的税务负担。这并不利于美国经济的未来。

若不对政府津贴制度进行改革，越来越高的政府债务和不断变化的人口结构可能会导致利率和工资税上涨。此外，债务增加和工资税提高会加快企业的自动化进程，逐渐削减人力工作。若不主动出击解决这些问题，美国劳动力市场、经济和社会可能难以为继。

共和党自称在财政上较为保守，但其掌管议会两院时以及该党派领导人在任时并未解决这些问题。这让我非常担心未来10年内这些问题会变成什么样。

债务风险

美国国债率不断增加便会抬高利率。毕竟，政府债券的供给上升，其价格便会下跌（供给上升，价格下跌，所有市场也是如此）。而对债券而言，价格降低时，利率便会上升。这意味着，随着时间推移，美国国债需支付的净利息可能会上升。越来越多的国内生产总值将被用于支付国债利息，这明显不利于美国长期的国内生产总值发展。

衰退风险会进一步提高债务水平和债务与国内生产总值比率在2020—2024年上升的可能性。即便没有衰退，国债水平及国债在国内生产总值中的占比很可能在当前总统任期内大幅上涨。

新一批国债即将到来，政府津贴便是根源之一。不幸的是，尽管美国国债数额巨大，美国没钱分发的政府津贴更是多得多，而且有可能在未来几年加剧美国的债务问题。政府津贴是美国的财政责任。简言之，政府津贴是未来美国国债水平和美国经济增长面临的最大威胁。

政府津贴

美国的政府津贴，包括联邦医疗保险、医疗补助和社会保障资金都源自劳动者的工资税。工资税与其他收入税有所区分，尽管收入税率已经因金融政策变动而降低，工资税仍在一路走高。你发现了，津贴资金严重不足。

世界上的全部主权债务总计约60万亿美元[8]。这是全球国家政府持有的累计债务。但美国政府没钱分发的津贴可能是该数额的3倍以上。没错，联邦医疗保险、医疗补助和社会保障的资金缺口和表外债务可能是200万亿美元。[9]

表外债务对美国经济有实质性威胁。美国传统基金会收集了美国国会预算办公室的政府津贴数据并制作成图10-3，其数据令人非常担心。基本上，到2030年，美国全部税收将被政府津贴和国债利息消耗完毕。这些是税制改革前的粗略计算，最近的美国预算甚至开始以更快的速度增加国债。

2030年并非遥不可及，时间不多了。

在不到20年内，预期的全部税收将被3项联邦计划——联邦医疗保险、联邦社会保障和联邦医疗补助（包括联邦儿童健康保险计划和奥巴马医改计划）和债务净利息消耗完毕。政府津贴改革势在必行。

图10-3　用于政府津贴的税收[10]

资料来源：美国国会预算办公室

美国社会保障制度之父

政府津贴的部分问题源自其开端。美国社会保障局官网称奥托·冯·俾斯麦为"美国政府津贴制度之父"。[11]

美国社会保障局的官网上甚至还有俾斯麦的肖像。

俾斯麦是德国的一位铁腕政治家，因通过贯彻现实主义政治来促进国家自身利益而闻名。对他来说，政府津贴便民且得当。不幸的是，现实已不再如此。今天，政府津贴有可能用不断增加的债务水平摧毁美国经济。

如果没有改革，这种情况会严重削减美国的劳动力。

俾斯麦的制度也是可持续的。他的制度保证为德国70岁以上的工人提供养老金，但19世纪80年代后期德国的平均寿命只有40岁[12]。换句话说，预计能受益的人如此之少，因此该计划的成本可以忽略不计。

俾斯麦操纵津贴制度击败了他的政敌，而且不用付出任何代价。但美国现有的政府津贴制度成了表外负债，有可能会击垮整个经济，甚至导致就业市场出现机器人占主场。此外，许多美国人的收入严重依赖于津贴，固定津贴带来了可怕的困境（图10-4）。

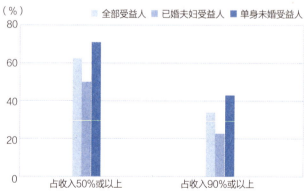

注：一个老年群体单元指一对同居的已婚夫妇或一名单身未婚人士（含独居人士或已婚分居人士）

图10-4　社会保障的预期重要性[13]：领取社会保障福利的
老年群体单元占比

资料来源：美国社会保障局

俾斯麦创造了这么好的制度。但这种制度是如何崩溃的？到底发生了什么？

这个问题可以用一个词来回答：人口。

人口

美国人口增长急剧减缓，而且这种人口变化趋势似乎无法阻挡。此外，在出生率下降的同时，预期寿命上升了。这加重了政府津贴的资金短缺。更坏的情况是：总统、参议员或国会议员都无法改变美国人口。这不只是一两个人的问题。

美国的人口年增长率从20世纪50年代至20世纪60年代初的1.5%降低至2011年的0.7%。[14]美国生育率降低导致了这种人口增长减缓。总而言之，全球的生育率都在下降，但根据美国人口统计学家乔纳森·拉斯特（Jonathan Last）的数据，美国生育率相当高，为1.93%。[15]

然而，尽管美国的总生育率与其他工业化国家相比来说较高，但低于拉斯特所说的维持人口所需的2.1%黄金数值。[16]

这对维持政府津贴而言是个大难题。毕竟，津贴制度在1940年运转很好，当时每位受益人获益于159.4名劳动者（表10-1）。但自从该数字于2013年降至2.8名时，情况越来越有挑战性。此外，到2040年这个数字很可能下降至每位受益人获益自2名劳动者。[17]

表 10-1　工人与社会保障受益者比率[18]

年份	受保工人人数（万人）	社会保障受益者（万人）	比率（%）
1940	3 539	22	159.4
1945	4 639	111	41.9
1950	4 828	293	16.5
1955	6 520	756	8.6
1960	7 253	1 426	5.1
1965	8 068	2 016	4.0
1970	9 309	2 519	3.7
1975	10 020	3 112	3.2
1980	11 366	3 512	3.2
1985	12 057	3 665	3.3
1990	13 367	3 947	3.4
1995	14 145	4 311	3.3
2000	15 530	4 517	3.4
2005	15 908	4 813	3.3
2010	15 673	5 340	2.9
2013	16 322	5 747	2.8

资料来源：美国社会保障局

津贴制度腹背受敌：出生率下降——预期寿命上升。

除了低生育率外，自俾斯麦于1889年在德国落实福利制度以来，美国的预期寿命从40岁左右上升至80岁以上。此外，美国福利的领取年龄从70岁降低至65岁。领取津贴的群体显著增加，而支撑老年群体的医疗成本也在增加。

如果美国的人口增长极其强劲，可能会一切顺利。但这事实并非如此。此外，现任政府正在努力减少进入美国的非法移民。这在某些方面有利于社会和经济，但也会降低人口增长的步伐同时拉低美国的平均出生率。

人口增长速度已降至婴儿潮时期的一半以下，美国的总生育率也低于维持人口的黄金数值。如拉斯特所言，"社保制度本质上是庞氏骗局[①]。跟所有庞氏骗局一样，只要新参与者的数量持续增加，就会运转良好"。[19]不幸的是，津贴制度濒临崩溃。

生育率不断降低导致了税基收缩，同时无资金支持的财政责任正在上升。这意味着，目前尚无资金支持的200万亿美元（未来可能会更多）政府津贴将由人口中越来越少的工人群体所负担。随着人口老化，还有一个问题：谁来工作？答案很简单：机器人。

工资税和不断萎缩的美国税基

出现税收短缺时，通常需要增加税收。在不远的将来，工资税可能会显著提高。人口增长放缓可能导致美国税基（尤其是为津贴提供资金的薪资税的税基）加快萎缩，从而加剧美国的债务及津贴负担。这可以为工资税上涨正名。

所以，谁来支付工资税？

员工与其老板均担政府津贴的成本。这意味着，如果津贴成本上升，老板的用工成本也会上升。届时，老板可能出于财务考量，加快企业通过自动化取代劳力的步伐。

[①] 庞氏骗局是西方说法，在中国又称"老鼠会""拆东墙补西墙""空手套白狼"。简言之就是利用新投资人的钱来向老投资者支付利息和短期回报，以制造赚钱的假象，进而骗取更多的投资，遗址到无人追加投资导致现金流中断败露为止。——编者注

为弥补与政府津贴相关的成本，工资税会被提高，同时雇主出于金钱考量，更可能会减少人力劳动的工作并增加科技使用。我的一些客户曾分享过，他们很担心劳动者的医疗成本及相关成本会增加。

在你看来，老板对支付更高薪资税这一负担有何感想？毕竟他们要支付一半的工资税。

自动化

美国人口增长放缓，年长的工人脱离了劳动力群体，自动化或许可以提供解决方案。自动化有可能对美国的经济增长做出巨大贡献。自动化可以解决美国的一些人口问题，同时可能会加剧某些政府津贴发放问题。未经改革的政府津贴制度会导致美国经济陷入过度自动化，从而面临巨大风险。作为员工，提到对你而言最重要的福利，你可能会想到休假或病假。

但你的老板会首先想到最值钱的福利：工资税和医疗。自助服务终端和机器人不需要休假，也不需要医疗成本，而且暂时还不用支付工资税。

2016年年中，西班牙的失业率约为20%[20]，年轻人失业率约为43%[21]。所以当时有许多人失业待岗。但2016年的夏天，西班牙巴塞罗那机场的汉堡王餐厅已经开始使用自助服务终端了。

在西班牙以及欧洲大部分地区，用人成本与美国相比可能高得令人吃惊。同时自助服务终端无须支付工资税，无须医疗成本、政府津贴、休假和病假。在自助服务终端取代工人的情况下，年轻人失业率不太可能会大幅下降。这也预示着美国年轻人的劳动参与率可能会下降。记住：快餐机器人（还有其他机器人）即将到来。

创业人员岌岌可危

津贴成本和工资税上升也会扼杀创业。其他公司中，员工与老板均担工资税义务，个体经营者与之不同，独自负担了全额工资税。目前的工资税占收入的15.3%。[22]未来，这一占比可能会上涨地更快，因为个体经营者无法与员工平分这一占比。如果不彻底改革津贴制度，个体户的工资税至2030年很有可能涨至25%。

不断升高的个体户税率有可能扼杀创业并对个体户营业者造成伤害。皮尤基金会（Pew Foundation）的一篇文章显示，个体工作者占比从1990年的11.4%下降至2014年的10%[23]。更重要的是，皮尤基金会指出，"个体经营者及其员工"占据了美国30%的工作岗位[24]。换句话说，2014年，1 460万名个体户聘用了另外2 940万名工人，他们总共占美国全部劳动力的30%。

未来，政府津贴短缺，税基不断萎缩，个体户的税率有可能上升。

这些额外成本带来的影响很可能会导致个体户工人占比不断下降。此外，所谓零工经济的从业者与个体经营者一样，也都需要缴社会安全和联邦医疗保险税。未来工资税上升，也会导致零工经济的存在难以为继。

随着人口老龄化进一步加剧，未获资金的政府津贴上升，企业可能会过度推行自动化，劳动力参与率也面临风险。

劳动力参与率是已在工作或求职的身体健全的平民占劳动

力的比值。我还预计，随着老年工作者和自动化将年轻劳动者排除在外，年轻人参与率会进一步下降。

其他政府津贴的责任

随着税收激励措施带来的挑战，人力劳动可能会被自动化机器取代，此外200万亿美元的政府津贴尚未计入联邦、州、县和市政府公务员的养老金数据。这些人员中大部分还享有固定的退休金，尽管该退休金尚未分发，而且津贴制度急需改革。这些养老金的资金缺口也有可能刺激自动化并带动机器人岗位增加，而非人力岗位增加。

有个老笑话，最享福的汽修工是退休的汽修工。若不对政府津贴和固定福利计划进行改革，这个笑话可能会被重写，即"最享福的美国工人是退休工人"。这会对我们所有人产生影响，因为未备资金的表外债务必然会导致政府和私人养老金福利被大幅削减（尤其会削减未来一代可享受的津贴），而供款成本则进一步上升。问题接二连三。

小结

美国不断走高的债务水平带来了长期增长风险。2017年减税导致的意外情况是，虽然共和党人对该计划进行了改革，但债务与增长仍未被平衡。

作为一名经济学家，我很看好减税，但我也不太喜欢债务。不幸的是，2017年的税收改革既减免了税务，也增加了债务。

长期来看，生育率下降、寿命提高、医疗成本增加、劳动力参与率降低、过度自动化都有可能加重美国国债的固定福利（又称政府津贴）问题。领取福利的年龄超过预期寿命30年时，政府津贴的财政运转最好。

但政府津贴制度问题在2016年总统大选、2017年税收改革和2018年中期选举时均未被处理。

政府津贴的未来影响

政界人士不看不听不说，不代表问题就不存在。

事实上，大规模的未备资金表外债务（即政府津贴）最终可能会动摇稳定的西方金融体系，扼杀经济增长并引入可能破坏民主本身的不稳定因素。

有人读到这里，可能觉得我的观点有些夸张。但相信我，我也希望自己在夸大情况。然而，事与愿违。

为了解决没人想要解决的资金缺口问题，最终的影响可能会非常大。而且这种影响可能会提前到来——比如下个10年或更早，早于许多人的预期。

这意味着，到2030年，工资税可能更接近25%而不是15%。这可能会损害美国劳动者、美国公司以及美国的股票市场。

展望全球，某些欧洲国家面临的这些问题更为严重，这意味着我们长期忽略的问题可能会对全球的经济和商业增长预期造成灾难性影响——尤其会影响消费驱动型经济体，在这些经济体中，大幅减少退休人员的收入与适龄工人的工资税大幅上升造成的经济影响是一样的。

对于经济和金融市场的未来，这些风险的影响不可低估。

56 数据挑战及创建数据

电影《铁面无私》(*The Untouchables*)中有句台词引起了我对数据创建的兴趣。其中有个场景，老警探马龙（Marlon）和探员纳斯（Nars）打算找几名美国联邦调查局探员来共同对付黑帮老大卡彭（Capone）。

此时，马龙提议从政策学院物色新兵。他告诉纳斯一条箴言，"怕得到烂苹果，就别从桶里取。直接从树上摘"。

我跟数据打交道的时候一直在想这句台词。通常情况下，你想寻找的那种准确且理想的数据可能并不存在。这时候，就应该想好要收集或创建什么数据。

远望经济创建的一项数据集和报告叫作物料搬运设备商业活动指数。该指数衡量了物料搬运业的月度活动。物料搬运是美国及全球供应链的核心部分。

政府的物料搬运数据并不完善，这是创建实时月度活动指标的动机。

许多数据会延后发布，并不能及时反映整个行业的情况，而且其发布后通常会对15%~20%的内容进行修订。请记住，修订的并不是预测数据，而是已经公布的官方数据。

我也曾和其他行业组织合作创建数据，展开标杆分析，或者在数据不存在的情况下创建数据。许多公司将此举视为一项品牌搭建活动，而且通常非常有效！

如果你发现浏览经济数据时无法找到所需的准确数据，可能你需要再努努力。毕竟，经济数据浩如烟海。

但说实在的，如果你找不到要找的数据，你可能需要制定策略，想想如何创建你想要的或所需的数据。

我们这个时代，沟通便捷，电子调查报告虽然简短但能提供巨大的价值。如果你想找到正搜寻的重要观点，为何不开始创建数据呢？

这个过程可能并不轻松，但非常有价值。

祝你好运！

结论

　　我希望《解读经济形势》这本书让你对书中提及的各种经济指标有了基础性了解，这些经济指标非常重要。

　　当然，还有很多本书尚未提及的经济指标。新的指标不断出现。比如远望经济发布的物料搬运设备商业活动指标。

　　随着经济、劳动力和金融市场的持续变化，还会有更新的指标涌现。

　　在你试图了解多种经济指标的意义时，请牢记有些数据并不完善。这些数据的编制群体可能协调不佳或不甚合理。数据可能互不匹配（比如政府数据），而且可能会频繁地进行大规模修订。此外，你要注意，你对任何分析的看法都会带入自己的偏见。

　　涉及重大道德风险的预测数据更是这样。这意味着，你的个人偏好、观点或兴趣会不经意间影响你的观点。本质上，利益冲突会影响分析师。必须要关注这一点，因为任何行业分析师的首要工作便是不被开除。

　　当然，我也推荐大家进一步学习一些课程。最重要的资源是我在本书讨论的报告中的实际数据。在下文中，我整合了各种报告的资源链接。

　　此外，除了数字，美联储制作的数据和报告也有巨大的价值。我一般会告诉那些尚在萌芽期的经济学家，让他们多看数字少看文字，如果你想阅读文字，就读美联储的文字！

数据附录

美国的经济指标

1. 美国经济分析局（Bureau of Economic Analysis）

   美国经济分析局公布与国内生产总值和汽车销量相关的数据。

2. 美国劳工统计局（Bureau of Labor Statistics）

   美国劳工统计局公布与就业、通货膨胀和其他话题相关的数据。

3. 美国人口普查局（U.S. Bureau of the Census）

   人口普查局公布与新房建筑、住房和零售相关的数据。

4. 美国经济咨商局（Conference Board）

   美国经济咨商局公布与消费者信心、先行指标和在线招聘求职网站（HWOL）相关的数据。

5. 全美房地产经纪人协会（National Association of Realtors）

   全美房地产经纪人协会公布现房销售和待成交房屋销售的相关数据。

6. 美联储经济数据库（FRED）

7. 美联储（Fed）

   美联储政策日程表、新闻稿和预测。

8. 美国能源信息署（EIA）

9. 供应管理协会（ISM）

国际数据资源

1. 国际货币基金组织（IMF）

2. 石油出口国组织（OPEC）

3. 欧盟统计局（Eurostat）

4. 央行数据及报告

尾注

第一章

1. U.S. Bureau of Labor Statistics, Civilian Unemployment Rate [UNRATE], retrieved from FRED, Federal Reserve Bank of St. Louis; https://fred.stlouisfed.org/series/UNRATE, 17 August 2019.

2. U.S. Bureau of Labor Statistics, "Employment Projections — 2016-2026." retrieved from https:// www.bls.gov/news.release/pdf/ecopro.pdf on 23 August 2019.

第二章

1. Data for Chinese Caixin Manufacturing PMI, Eurozone Manufacturing PMI, and U.S. ISM Manufacturing Index sourced from www.econoday.com.

2. Ibid.

3. Data for U.S. ISM Manufacturing Index sourced from Institute for Supply Management.

4. Data for U.S. ISM Non-Manufacturing Index sourced from Institute for Supply Management.

5. Data for Chinese Caixin Manufacturing PMI, sourced from www.econoday.com.

6. Data for Eurozone Manufacturing PMI sourced from www.econoday.com.

第三章

1. "World Economic Outlook." Retrieved from www.imf.org.

2. Board of Governors of the Federal Reserve System (US) , All Federal Reserve Banks: Total Assets [WALCL], retrieved from FRED, Federal Reserve Bank of St. Louis; https://fred.stlouisfed.org/ series/ WALCL, 16 August 2019.

第四章

1. "The Employment Situation — July 2019." Bureau of Labor Statistics Retrieved from https:// www.bls.gov/news.release/pdf/empsit.pdf on 23 August 2019.

2. U.S. Bureau of Labor Statistics, Civilian Unemployment Rate [UNRATE], retrieved from FRED, Federal Reserve Bank of St. Louis; https://fred.stlouisfed.org/series/UNRATE, 22 August 2019.

3. U.S. Bureau of Labor Statistics, Civilian Labor Force Participation Rate [CIVPART], retrieved from FRED, Federal Reserve Bank of St. Louis; https://fred.stlouisfed.org/series/CIVPART, 27 August 2019.

4. U.S. Bureau of Labor Statistics, Average Hourly Earnings of All Employees: Total Private [CES0500000003], retrieved from FRED, Federal Reserve Bank of St. Louis; https:// fred.stlouisfed.org/series/ CES0500000003, 27 August 2019.

第五章

1. U.S. Census Bureau, Advance Retail Sales: Retail and Food Services, Total [RSAFS], retrieved from FRED, Federal Reserve Bank of St. Louis; https://fred.stlouisfed.org/series/RSAFS, 23 August 2019.

2. Ibid.

3. U.S. Census Bureau, E-Commerce Retail Sales [ECOMSA], retrieved from FRED, Federal Reserve Bank of St. Louis; https://fred.stlouisfed.org/series/ECOMSA, 23 August 2019.

4. U.S. Census Bureau, E-Commerce Retail Sales as a Percent of Total Sales [ECOMPCTSA], retrieved from FRED, Federal Reserve Bank of St. Louis; https://fred.stlouisfed.org/series/ ECOMPCTSA, 23 August 2019.

5. Statista. Retrieved on 11 May 2019 from https://www.statista.com/ statistics/534123/ecommerce-share-of-retail-sales-worldwide/.

6. U.S. Bureau of Economic Analysis, Light Weight Vehicle Sales: Autos and Light Trucks [ALTSALES], retrieved from FRED, Federal Reserve Bank of St. Louis; https://fred.stlouisfed.org/ series/ALTSALES, 22 August 2019.

7. U.S. Bureau of Economic Analysis, Motor Vehicle Retail Sales: Heavy Weight Trucks [HTRUCKSSA], retrieved from FRED, Federal Reserve Bank of St. Louis; https:// fred.stlouisfed.org/series/HTRUCKSSA, 23 August 2019.

8. U.S. Federal Highway Administration, Vehicle Miles Traveled [TRFVOLUSM227NFWA], retrieved from FRED, Federal Reserve Bank of St. Louis; https://fred.stlouisfed.org/series/ TRFVOLUSM227NFWA, 11 May 2019.

9. Retrieved from https://bea.gov/national/index.htm#supp and http: //tonto.eia.gov/dnav/pet/ hist/LeafHandler.ashx? n=PET&s=EMM_ EPM0_PTE_NUS_DPG&f=M.

10. Board of Governors of the Federal Reserve System (U.S.), Industrial Production Index [INDPRO], retrieved from FRED, Federal Reserve Bank of St. Louis; https://fred.stlouisfed.org/series/ INDPRO, 17 August 2019.

11. Ibid.

12. Board of Governors of the Federal Reserve System (U.S.), Capacity Utilization: Total Industry [TCU], retrieved from FRED, Federal Reserve Bank of St. Louis; https://fred.stlouisfed.org/series/TCU, 18 August 2019.

第六章

1. U.S. Census Bureau and U.S. Department of Housing and Urban Development, Housing Starts: Total: New Privately Owned Housing Units Started [HOUST], retrieved from FRED, Federal Reserve Bank of St. Louis; https://fred.stlouisfed.org/series/HOUST, 18 August 2019.

2. U.S. Census Bureau and U.S. Department of Housing and Urban Development, New Private Housing Units Authorized by Building Permits [PERMIT], retrieved from FRED, Federal Reserve Bank of St. Louis; https://fred.stlouisfed.org/series/PERMIT, 18 August 2019.

3. U.S. Census Bureau and U.S. Department of Housing and Urban Development, New One Family Houses Sold: United States [HSN1F],

retrieved from FRED, Federal Reserve Bank of St. Louis; https://fred. stlouisfed.org/series/HSN1F, 18 August 2019.

4. U.S. Census Bureau and U.S. Department of Housing and Urban Development, Median Sales Price of Houses Sold for the United States [MSPUS], retrieved from FRED, Federal Reserve Bank of St. Louis; https://fred.stlouisfed.org/series/MSPUS, 18 August 2019.

第七章

1. This image consists of two different series. GDP and GNP. These were sourced as follows: U.S. Bureau of Economic Analysis, Gross National Product [GNPA], retrieved from FRED, Federal Reserve Bank of St. Louis; https://fred.stlouisfed.org/series/GNPA, 18 August 2019. U.S. Bureau of Economic Analysis, Gross Domestic Product [GDPA], retrieved from FRED, Federal Reserve Bank of St. Louis; https://fred.stlouisfed.org/series/GDPA, 18 August 2019.

2. U.S. Bureau of Economic Analysis, Real Personal Consumption Expenditures [PCECC96], retrieved from FRED, Federal Reserve Bank of St. Louis; https://fred.stlouisfed.org/series/ PCECC96, 23 August 2019.

3. U.S. Bureau of Economic Analysis, Gross private domestic investment: Domestic business [W987RC1Q027SBEA], retrieved from FRED, Federal Reserve Bank of St. Louis; https:// fred. stlouisfed.org/series/W987RC1Q027SBEA, 23 August 2019.

4. U.S. Bureau of Economic Analysis, Net Exports of Goods and Services [NETEXP], retrieved from FRED, Federal Reserve Bank of St. Louis; https://fred.stlouisfed.org/series/NETEXP, 23 August 2019.

第八章

1. Personal photo collection of Jason Schenker. Taken Philadelphia., Pennsylvania.

2. U.S. Federal Reserve System. Retrieved on 21 February 2019 from https:// www.federalreserve.gov/monetarypolicy/fomccalendars.htm.

3. Ibid.

4. Ibid.

5. Ibid.

6. U.S. Federal Reserve System. Retrieved on 21 February 2019 from https:// www.federalreserve.gov/newsevents/speech/yellen20160826a.htm.

7. "Genesis Block." Wikipedia. Bitcoin Wiki. Retrieved on 24 August 2018 from https:// en.bitcoin.it/wiki/Main_Page.

8. Bank of England, Total Central Bank Assets for United Kingdom (DISCONTINUED) [UKASSETS], retrieved from FRED, Federal Reserve Bank of St. Louis; https://fred.stlouisfed.org/series/UKASSETS, 24 August 2018.

9. European Central Bank, Central Bank Assets for Euro Area (11-19 Countries) [ECBASSETS], retrieved from FRED, Federal Reserve Bank of St. Louis; https://fred.stlouisfed.org/series/ ECBASSETS, 12 July 2019.

10. "Balance Sheets of the Bank of Japan and Financial Institutions." Bank of Japan, Retrieved on 24 August 2018 from https://www.boj.or.jp/en/statistics/category/financial.htm/.

11. Ujikane, K. and Toshiro H. (16 April 2019)."Veteran Investor With Family Pedigree Slams BOJ's ETF Buying." Bloomberg.com, Bloomberg. Retrieved on 12 July 2019 from www.bloomberg.com/news/articles/2019-04-15/veteran-fund-manager-with-family-pedigree-slams-boj-s-etf-buying. This also involved data from "BOJ's ETF Purchases Expanding Steadily" Japan Center for Economic Research. Retrieved on 12 July 2019 from https://www.jcer.or.jp/eng/pdf/170706_report (eng).pdf.

12. Board of Governors of the Federal Reserve System (US), All Federal Reserve Banks: Total Assets [WALCL], retrieved from FRED, Federal Reserve Bank of St. Louis; https://fred.stlouisfed.org/ series/ WALCL, 12 July 2019.

13. Yellen, J. (26 August 2016). "The Federal Reserve's Monetary Policy Toolkit: Past, Present, and Future." U.S. Federal Reserve. Retrieved

from https://www.federalreserve.gov/newsevents/ speech/ yellen20160826a.htm.

14. U.S. Federal Reserve System. Retrieved on 22 August 2019 from https:// www.federalreserve.gov/monetarypolicy/fomccalendars. htm.

15. Ibid.

第九章

1. U.S. Bureau of Labor Statistics Consumer Price Index — July 2019. Retrieved on 23 August 2019 from https://www.bls.gov/news. release/pdf/cpi.pdf.

2. U.S. Department of Energy, Instructions Form EIA-803 Weekly Crude Oil Stocks Report. Retrieved 18 February 2019 from https://www.eia. gov/survey/form/eia_803/instructions.pdf.

3. U.S. Department of Energy, Form EIA-803 Weekly Crude Oil Stocks Report. Retrieved on 18 February 2019 from https://www.eia.gov/ survey/form/eia_803/proposed/form.pdf.

4. U.S. Energy Information Agency. Weekly Natural Gas Storage Report. Retrieved on 23 August 2019.

5. U.S. Treasury Department. Retrieved on 20 August 2019 from https:// www.treasury.gov/ resource-center/data-chart-center/interest-rates/ Pages/TextView.aspx? data=yield.

第十章

1. "US Business Cycle Expansions and Contractions." The National Bureau of Economic Research, NBER, 20 Sept. 2010, www.nber.org/ cycles.html.

2. "About the NBER." The National Bureau of Economic Research, NBER, www.nber.org/info.html. 17 June 2019.

3. Most recently Fed chair Powell noted this risk in July 2019 before Congress. Powell, J. "Semiannual Monetary Policy Report to

the Congress." U.S. Federal Reserve. Retrieved on 12 July 2019 from https://www.federalreserve.gov/newsevents/testimony/powell20190710a.htm.

4. Retrieved from http: //www.usdebtclock.org/.

5. U.S. Department of the Treasury. Fiscal Service, Federal Debt: Total Public Debt [GFDEBTN], retrieved from FRED, Federal Reserve Bank of St. Louis; https://fred.stlouisfed.org/series/ GFDEBTN, 17 June 2019.

6. Ibid.

7. Federal Reserve Bank of St. Louis and U.S. Office of Management and Budget, Federal Debt: Total Public Debt as Percent of Gross Domestic Product [GFDEGDQ188S], retrieved from FRED, Federal Reserve Bank of St. Louis; https://fred.stlouisfed.org/series/ GFDEGDQ188S, 17 June 2019.

8. Desjardins, J. (6 August 2015). "$60 Trillion of World Debt in One Visualization." Visual Capitalist. Retrieved 11 February 2017: http: //www.visualcapitalist.com/60-trillion-of-worlddebt-in-one-visualization/.

9. Mayer, J. (18 November 2015). "The Social Security Façade." Retrieved 11 February 2017: http: //www.usnews.com/opinion/economic-intelligence/2015/11/18/social-security-andmedicare-have-morphed-into-unsustainable-entitlements.

10. Image provided courtesy of The Heritage Foundation. Retrieved 11 February 2017: http: // thf_media.s3.amazonaws.com/infographics/2014/10/BG-eliminate-waste-control-spending-chart-3_HIGHRES.jpg.

11. U.S. Social Security Administration. "Social Security History: Otto von Bismarck." Sourced from https://www.ssa.gov/history/ottob.html.

12. Twarog, S. (January 1997). "Heights and Living Standards in Germany, 1850-1939: The Case of Wurttemberg" as reprinted in Health and Welfare During Industrialization. Steckel, R. and F. Roderick, eds. Chicago: University of Chicago Press, p. 315. Retrieved 11 February 2017: http: // www.nber.org/chapters/c7434.pdf.

13. U.S. Social Security Administration. Fast Facts and Figures About Social Security, 2017, p. 8.Retrieved on 17 June 2019: https://www. ssa.gov/policy/docs/chartbooks/ fast_facts/.

14. World Bank, Population Growth for the United States [SPPOPGROWUSA], retrieved from FRED, Federal Reserve Bank of St. Louis; https://fred.stlouisfed.org/series/SPPOPGROWUSA, 5 June 2018.

15. Last, J. (2013) What to Expect, When No One's Expecting: America's Coming Demographic Disaster. New York: Encounter Books, pp. 2-4.

16. Ibid., p. 3.

17. Last (2013), p. 109.

18. U.S. Social Security Administration. Retrieved 11 February 2017 from https://www.ssa.gov/ history/ratios.html Last (2013) also uses a similar table in his book on p. 108.

19. Last (2013), p. 107.

20. Trading Economics. Spanish unemployment. Retrieved February 2017 http: // www.tradingeconomics.com/spain/unemployment-rate.

21. Trading Economics. Spanish unemployment. Retrieved February 2017 http: // www.tradingeconomics.com/spain/youth-unemployment-rate.

22. U.S. Internal Revenue Service. Retrieved from https://www.irs.gov/ businesses/smallbusinesses-self-employed/self-employment-tax-social-security-and-medicare-taxes.

23. Pew Research Center. (22 October 2015). Retrieved 19 February 2017: http: // www.pewsocialtrends.org/2015/10/22/three-in-ten-u-s-jobs-are-held-by-the-self-employed-and -the-workers-they-hire/.

24. Ibid.